ESTAMPARIA

Ateliê Criativo

ESTAMPARIA
DELICADOS PROJETOS ILUSTRADOS PASSO A PASSO

Elizabeth Harbour

PubliFolha

Título original: *Creative Makers: Simple Printmaking*

Copyright © 2013 Octopus Publishing Group
Copyright de texto © Elizabeth Harbour 2013
Copyright das fotos © Yuki Sugiura 2013
Moldes e ilustrações passo a passo de Elizabeth Harbour © 2013 Octopus Publishing Group Ltd.
Copyright © 2014 Publifolha – Divisão de Publicações da Empresa Folha da Manhã S.A.

Publicado originalmente na Grã-Bretanha em 2013 pela Mitchell Beazley, uma divisão da Octopus Publishing Group Ltd.
Endeavour House, 189 Shaftesbury Avenue, London WC2H 8JY.

Todos os direitos reservados. Nenhuma parte desta obra pode ser reproduzida, arquivada ou transmitida de nenhuma forma ou por nenhum meio sem a permissão expressa e por escrito da Empresa Folha da Manhã S.A., por sua divisão de publicações Publifolha.

Proibida a comercialização fora do território brasileiro.

Dados Internacionais de Catalogação na Publicação (CIP)
(Câmara Brasileira do Livro, SP, Brasil)

Harbour, Elizabeth
  Estamparia : delicados projetos ilustrados passo a passo / Elizabeth Harbour ; [tradução Rosane Albert]. -- 1. ed. -- São Paulo : Publifolha, 2015. -- (Coleção ateliê criativo)

  Título original: Creative makers : simple printmaking.
  ISBN 978-85-7914-576-6

  1. Estamparia 2. Estamparia - Trabalhos manuais I. Título. II. Série.
  15-00569   CDD-745.4

Índices para catálogo sistemático:
1. Estamparia : Artes 745.4

Este livro segue as regras do Acordo Ortográfico da Língua Portuguesa (1990), em vigor desde 1º de janeiro de 2009.

Impresso na C&C Offset Printing Co Ltd., China.

PubliFolha
Divisão de Publicações do Grupo Folha
Alameda Barão de Limeira, 401, 6º andar
CEP 01202-900, São Paulo, SP
Tel.: (11) 3224-2186/2187/2197
www.publifolha.com.br

Coordenação do projeto: Publifolha
Editora-assistente: Naira Gomes dos Santos
Coordenadora de produção gráfica: Mariana Metidieri
Produtora gráfica: Samantha R. Monteiro

Produção editorial: Página Viva
Edição: Camila Prado
Tradução: Rosane Albert
Revisão: Agnaldo Alves, Fernanda A. Umile
Produção gráfica: Yara Penteado Anderi
Consultoria: Andrea Onishi

Edição original:
Publisher: Alison Starling
Editora de arte: Juliette Norsworthy
Designer: Anita Mangan
Assistente de design: Abigail Read
Editor sênior: Leanne Bryan
Assistente editorial: Katy Denny
Revisão: Nikki Sims
Indexação: Helen Snaith
Assistente de gerente de produção: Caroline Alberti
Fotografia: Yuki Sugiura
Produção: Cynthia Inions

NOTA DO EDITOR

Antes de começar qualquer um dos projetos deste livro, tenha ciência das etapas envolvidas e assegure-se de que sabe manusear ferramentas, químicas e equipamentos necessários. Tenha cuidado e siga sempre as instruções do fabricante. Apesar de todos os cuidados tomados na elaboração deste livro, a autora e os editores não se responsabilizam por erros ou omissões decorrentes da realização dos projetos.

Grau de dificuldade

 fácil   médio   difícil

SUMÁRIO

Introdução 6 • Noções básicas 8

PROJETOS

MONOTIPIA — 12

Técnica: como criar uma superfície de impressão com gelatina — 14
Cadernos e marcadores de livro florais — 16
Estampa de passarinho no ninho — 20
Móbile de aves voando — 24
Sacola com coração — 28
Gravura "lar doce lar" — 31
Técnica: marmorização simples — 34
Cartão com borboleta — 37
Papéis decorativos — 40

IMPRESSÃO COM ESTÊNCIL — 42

Cartão de aniversário infantil — 44
Sacola florida — 47
Cúpula de abajur com estampa de jardim — 50
Artesanato em tigelas — 54

ESTAMPARIA EM RELEVO — 56

Técnica: estamparia com carimbo — 58
Papéis de embrulho e etiquetas — 60
Almofada com pássaros — 62
Jogo de mesa com paisagem campestre — 65
Técnica: goiva para xilogravura — 68
Forro de gaveta com borboletas e libélulas — 69
Toalha de mesa com peras — 72
Cortina com plantas — 74
Caminho de mesa com penas — 77
Papel timbrado, envelopes e etiquetas — 80
Cartão com bule de chá — 82
Gravura de barquinho — 85
Cartão com pássaro — 88
Gravura de topiaria — 91

SERIGRAFIA — 94

Técnica: tela para impressão feita em casa — 96
Pano de prato com galo — 99
Sacola com fita e pássaro azul — 102
Almofada com gatinho — 106
Convite para festa infantil — 110
Camiseta com avião — 113
Echarpe de borboletas — 116

LITOGRAFIA — 120

Técnica: como criar a placa litográfica — 122
Cartão com cachorrinho — 124
Gravura de peixinhos — 128

Moldes 132 (e partes internas das capas) • Glossário 140 • Endereços úteis 141 • Índice 142 •
Agradecimentos / Sobre a autora / Nota da autora 144

INTRODUÇÃO

Cartões, livros, tecidos e desenhos estampados à mão têm um encanto particular e devem ser valorizados pelo carinho com que são feitos – especialmente na era da produção em massa. Quando recebo um lindo cartão feito manualmente, fico sempre emocionada – é algo que o dinheiro não compra.

Descobri o mundo mágico da gravura aos dezoito anos, quando entrei no laboratório da minha faculdade de arte. Com enormes prensas de ferro fundido, placas quentes aquecendo o ambiente e o maravilhoso cheiro de óleo de linhaça e tintas para impressão, evidentemente, aquele era um lugar onde se praticava alquimia!

Esse universo foi libertador para mim e me ajudou a olhar de outras maneiras para o processo de criação de imagens, distanciando-me da abordagem convencional da arte. Após cinco anos de estudo explorando diversas formas de estamparia, que se tornaram importantes para meu trabalho, percebi que depois de me formar não teria acesso às incríveis prensas e técnicas da faculdade. Foi, então, que prometi a mim mesma que descobriria como criar técnicas semelhantes para usar em casa.

Meu sonho de possuir uma prensa ainda não se concretizou, mas fico imaginando se de fato preciso de uma, agora que dominei a arte da impressão simples e caseira.

SOBRE O LIVRO

Este livro é uma introdução a diversas formas de impressão e pode ser usado de dois modos: como manual de processos e técnicas ou como guia para fazer projetos, seja em tecidos para almofadas ou em artigos de papelaria personalizados. Algumas vezes, a arte da estamparia é associada a gravuras emolduradas e penduradas na parede, mas também pode ser usada para criar cartões, artigos de pano ou de papel e todo tipo de coisa que nos rodeia no dia a dia.

Fazer estampas é uma forma de criar imagem usando uma matriz – objeto onde o desenho é elaborado por meio de uma das várias técnicas de estamparia e sobre o qual se aplica tinta para multiplicar a imagem criada. Isso permite construir imagens que não seriam possíveis de compor da maneira convencional. Portanto, cada estampa de um artista é um original de sua autoria, não uma reprodução.

Uma matriz de impressão pode levar um bom tempo para ser feita; por outro lado, resulta em uma porção de imagens em vez de uma só. Um dos obstáculos, muitas vezes, é o custo envolvido na produção; mas tentamos pensar

em modos eficientes e não dispendiosos de fazer estampas, usando produtos caseiros e tinta acrílica em lugar de tinta de impressão.

Esta obra é como um livro de receitas, em que é possível se aprofundar e que sempre tem algo para cada gosto. Muitas vezes escolho os projetos mais simples e, quando me sinto confiante, passo para os mais complicados – pensei nisso ao montar a sequência deste livro.

Ao usar alguns produtos especializados, pode ser que encontre impresso no rótulo, em letras miúdas, que eles só podem ser usados em conjunto com outros produtos daquele fabricante. Tentei ignorar essa informação onde foi possível, buscando alternativas mais baratas para manter o processo acessível.

SOBRE A ARTISTA

Sempre fui fascinada pelas diferentes técnicas e abordagens da estamparia, e tive o prazer de desenvolver minhas próprias formas de trabalho. Isso resultou em uma produção muito diversificada, com tipos diferentes de projetos – e me levou a escrever este livro.

Grande parte da minha inspiração vem do entorno da minha casa; a natureza e o campo sempre me atraíram. A cada dia me surpreendo com algo diferente, sejam cisnes voando ou uma flor nova no jardim – há sempre algo para admirar.

Adoro fazer pequenos desenhos, quadros e esboços. Rabisco grosseiramente a lápis, depois uso livremente aquarelas para buscar ideias e combinações de cores. Muitas vezes uso papel vegetal em lugar de papel sulfite comum, porque, quando fico satisfeita com um desenho, é mais fácil virá-lo, decalcá-lo com precisão e transferi-lo para o papel. Gosto também de colecionar coisas, como penas, brinquedos, conchas ou pedras com formatos interessantes. Ouço todo tipo de música enquanto trabalho, para me concentrar onde estou ou para me levar a lugares longínquos. Todas essas coisas ajudam no meu processo criativo.

Meus filhos são fonte de alegria e de ideias. Meu marido me apoia totalmente, criando um ambiente inspirador em que consigo me desenvolver, sempre me incentivando com sabedoria ou bom humor. Sem o apoio deles, jamais teria conseguido escrever este livro.

NOÇÕES BÁSICAS

Área de trabalho

Em muitos projetos, usei a mesa da cozinha para trabalhar (sempre coberta com uma toalha plástica). O ideal é ter um espaço só seu, onde possa sonhar com desenhos e ideias, e que não precise manter arrumado. O espaço perfeito pode ter simplesmente uma mesinha com algumas gavetas para guardar os trabalhos, um pote pequeno com uma variedade de pincéis e canetas, um painel para afixar itens que sirvam de inspiração, uma luminária de mesa articulada e uma pasta de plástico para manter o trabalho liso e protegido.

Roupa

Para evitar acidentes com suas roupas, vista um avental ou uma camiseta velha que você não se importe em manchar quando puser em prática os projetos deste livro.

Materiais

✪ Estilete, base de corte e régua de metal

Muitos projetos requerem o uso de estilete de precisão, base de corte e régua de metal. Um estilete de precisão vai ser útil por muitos anos, cortará linhas ondeadas e reduzirá o perigo de rasgar o papel. Tome cuidado ao encaixar as lâminas cambiáveis ao cabo para evitar acidentes. A base da lâmina deve ficar dentro da reentrância do cabo. Lembre-se sempre de cortar na direção oposta a você e, ao remover a lâmina, faça isso com cuidado, longe dos olhos. A base de corte protegerá a superfície de trabalho e a lâmina – pode ser pedaços de papelão, revistas ou livros velhos. A régua de metal é perfeita para cortar papel na medida.

✪ Lápis

Os três lápis mencionados neste livro são 2B, 3B e 5H. O 2B e o 3B proporcionam um traço escuro médio, que não vai manchar muito; são bons para a maioria dos desenhos. O lápis 5H é bem duro e muito claro; é excelente para transferir imagens decalcadas, pois permite

que ainda se veja o decalque no papel vegetal, mesmo quando já tiver passado o lápis por cima – mas não pressione com força para não criar marcas no papel.

✪ Utensílios de cozinha
Para alguns projetos, reaproveitei utensílios que já não usava para cozinhar, como panelas, pratos, tábuas de corte, assadeiras, colheres etc.

✪ Rolos de espuma lisa e texturizada
Esses itens podem ser comprados em lojas especializadas em artesanato e variam de preço. O rolo de espuma texturizada é perfeito para usar com estêncil. O rolo de espuma lisa é mais denso e produz uma superfície pintada mais homogênea, ótima para impressão em relevo e litografia.

✪ Rolo de borracha
É um rolo de borracha dura, tradicionalmente utilizado na impressão de relevo para espalhar a tinta sobre placas de linóleo ou carimbo. Usei-o apenas no capítulo de impressão em relevo para criar pressão homogênea na parte de trás do carimbo na hora de imprimir.

✪ Pincéis
Os pincéis são usados em muitos projetos. Para alguns, usei pincéis sintéticos com cerdas de ponta arredondada – nº 1 (fino) para detalhes, nº 5 (médio) e nº 8 (grande) para áreas maiores. O pincel nº 8 é bom por ter uma base mais gorda, que funciona como o reservatório de tinta de caneta, permitindo que sejam pintadas áreas grandes sem interrupção; e, como termina em ponta fina, permite pintar detalhes – ele é multifuncional. Para misturas de tinta em geral e pontilhamento, usei pincéis baratos de cerdas duras e para manipular a tinta, pincéis pequenos (também de cerdas duras). Para aplicar colorido em áreas extensas, especialmente na monotipia, usei um pincel largo de cerdas duras. Mantenha por perto um pote com água fria para limpar os pincéis enquanto estiver pintando, mas, ao terminar, tire-os da água para que não encurvem e guarde-os com as cerdas para cima ou em estojos apropriados.

✪ Tinta
Para a maioria dos projetos, usei tinta acrílica (de boa qualidade), que vem em tubos de 75 ml. Essa tinta pouco densa à base de água pode ser usada em tela, papel, madeira e tecido. Para manter o custo baixo, usei cores básicas – vermelho, azul-ultramar (ou azul-cobalto para um tom mais leve) e amarelo-limão, assim como preto e branco. Ao misturá-las, obtém-se várias cores secundárias e terciárias. Para alguns projetos, misturei as cores com diluente; para outros, misturei-as com um retardador de secagem (veja a seguir).

✪ Diluente de tinta acrílica para tecido

Usei um diluente misturado com tinta acrílica para serigrafia em tecidos na proporção 1:1, a fim de manter a tinta "aberta" (ou seja, para evitar que seque rapidamente ao trabalhar com tecido). Na embalagem, recomenda-se seu uso com a tinta acrílica correspondente; não fiz isso em muitos dos projetos, e ainda assim obtive resultados excelentes. Minha única recomendação é sempre lavar à mão e com água fria tudo o que for feito em tecido.

✪ Retardador de secagem de tinta acrílica

Esse produto foi útil em muitos projetos deste livro, pois estende o tempo de tingimento e de aproveitamento da tinta. (Esses dois fatores podem ser influenciados pelo ambiente em que estiver trabalhando.) Use-o sempre na proporção recomendada pelo fabricante.

✪ Tinta para serigrafia em tecidos

Se deseja pintar e produzir seus projetos para vender, recomendo o uso de tinta específica para serigrafia em tecidos – também conhecida como tinta para silk screen em tecidos – em vez de tinta acrílica. É muito mais cara do que a acrílica, mas suporta melhor a lavagem à máquina.

✪ Papel

Pode ser caro, mas o resultado obtido corresponde ao valor pago. Se estiver começando, compre papel barato, como papel-cartão de gramatura baixa, cartolina, papel para forração ou papel kraft. Se já estiver totalmente envolvido com a estamparia, procure um fornecedor que lhe dará amostras de diferentes tipos de papéis, depois compre um lote de vinte e cinco folhas de um papel de qualidade e guarde-as abertas – debaixo da cama pode ser uma boa opção. Ter apenas uma folha de papel caro sufoca a criatividade; ter uma caixa de papéis interessantes vai liberar o artista que existe dentro de você! Há diferentes tipos e tamanhos de papel e as folhas maiores podem ser cortadas em várias folhas menores. Diferentes papéis, diferentes usos: alguns são muito absorventes, outros têm superfície áspera, outros são duros e brilhantes. Tudo depende do que há disponível e do preço. O papel pesado é indicado para cartões, o absorvente serve para monotipia e o liso é ideal para impressão em relevo. Encontrar o papel certo para um projeto é uma questão de tentativa e erro.

✪ Papel kraft

Foi usado neste livro para proporcionar uma superfície de trabalho limpa e para fazer testes.

✪ Papel sulfite

É útil para fazer moldes para monotipia, criar testes de impressão e para uso geral.

✪ Papel vegetal

É ótimo para transferir ideias para o papel e também para decalcar moldes.

Como decalcar e transferir uma imagem

Amplie a imagem para o tamanho desejado em uma fotocopiadora. Contorne a imagem **(a)** usando lápis 3B sobre o papel vegetal. Vire o papel vegetal de modo que as linhas traçadas a lápis fiquem viradas para baixo, voltadas para a superfície que receberá o desenho. Risque com lápis 5H (sem ponta afiada) para transferir a imagem **(b)**.

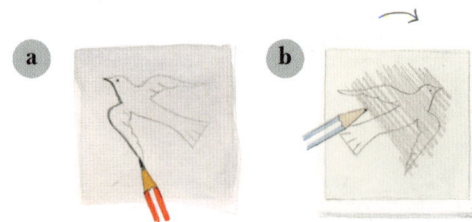

Tecido

É possível obter melhores resultados com fibras naturais. Algodão tricoline, algodão cru de várias espessuras e linho de trama leve são ótimos para trabalhar e dão bom acabamento. Dependendo do tamanho do projeto e do preço do tecido, é melhor antes comprar um pedaço pequeno para fazer um teste.

✪ Preparação do tecido

Qualquer tecido, seja uma almofada feita à mão ou uma sacola pronta, necessita de preparo antes da impressão. Os tecidos costumam receber tratamentos para ficarem macios, o que impede a aderência da tinta – é importante lavá-los para remover qualquer resíduo. Não utilize amaciante, pois ele também age como barreira para a tinta.

Quando for trabalhar com tecido cortado, faça uma barra de 0,5 cm nas bordas para evitar que desfiem e deem nós ao lavar – vale a pena o esforço!

Com o tecido ainda úmido, passe-o a ferro para obter uma superfície lisa para pintar; deixe secar completamente antes de usá-lo.

✪ Se algo der errado

Ao imprimir sobre tecido, mantenha uma tigela com água morna ensaboada perto de você. Se algo der errado, mergulhe-o imediatamente na água, lave-o com muito sabão e enxágue na máquina de lavar roupa. Isso deve salvar o tecido para ser usado novamente.

✪ Fixação quente de imagem estampada em tecido

Quando a imagem estampada no tecido estiver seca, será preciso fixá-la com ferro em temperatura média para ajudá-la a manter a cor. Passe primeiro o avesso do tecido, depois o lado direito – colocando sempre outro pano por cima para proteger a estampa. Conforme for passando, sentirá a imagem impressa incorporar-se ao tecido.

MONOTIPIA

A monotipia é um modo espontâneo e lúdico de produzir uma imagem. Não há duas impressões idênticas – cada uma terá diferenças sutis e variações em relação à outra. Esse processo oferece infinitas possibilidades de produção, como a chance de mover e manipular a tinta, fazer colagens e criar camadas dentro de uma imagem.

Quando crio monotipias, há sempre uma curiosidade que me vem à mente: "O que será que vai acontecer se eu fizer isto?". É preciso prestar atenção ao que estiver fazendo, porque ocorrem surpresas incríveis no processo de impressão. Seja por acidente, ou porque se concentrou em outra coisa, você vai descobrir todo tipo de imagem surgindo enquanto imprime. Lembre-se desses momentos, porque eles vão servir de inspiração no futuro.

Descobri a impressão com gelatina relativamente tarde. Imaginava que monotipias detalhadas só eram possíveis com o uso de prensa para gravação, mas a impressão com gelatina produz o mesmo efeito, com sua superfície lisa de proteção e a flexibilidade do suporte onde é usada.

A marmorização é outra técnica divertida da monotipia – e atraente para as crianças. Requer um pouco de paciência para montar tudo, mas os resultados são surpreendentes.

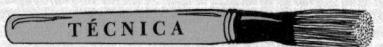

COMO CRIAR UMA SUPERFÍCIE DE IMPRESSÃO COM GELATINA

MATERIAIS

150 g de gelatina em pó incolor – não use gelatina em folha

Panela funda

400 ml de água fria

400 ml de água fervente

Batedor manual

Fôrma rasa de 25 cm x 35 cm, com 3 cm de altura

Faca

Base de corte ou tábua de corte

Papel-toalha

Filme de PVC

Panela de fundo grosso

COMO FAZER

1. Dissolva a gelatina
Despeje a gelatina na panela funda; acrescente a água fria e mexa bem. Ela ficará bastante espessa e com grumos. Adicione a água fervente, bata delicadamente em fogo baixo, até a gelatina dissolver.

2. Deixe a gelatina firmar
Coloque a fôrma em uma superfície nivelada, despeje a gelatina e deixe firmar na geladeira.

3. Prepare a gelatina para a impressão
Uma hora antes de imprimir, retire a gelatina da geladeira para que atinja a temperatura ambiente. (Se a gelatina estiver muito fria, a superfície de trabalho ficará úmida, resultando em impressões aguadas e perda de definição.) Seguindo essa instrução, ela deve estar bem firme e relativamente fácil de lidar. Delicadamente solte-a da fôrma, passando uma faca pelas bordas. Para desenformar sobre a base de corte, tome cuidado para escorar a gelatina com uma das mãos, evitando que rache ou quebre. O lado liso dela ficará para cima. Se estiver fazendo uma série de impressões na mesma cor ou em cores semelhantes, não precisará limpar a superfície de gelatina ao trocar cores. Caso passe de uma cor escura para outra clara, deverá limpá-la, porque qualquer tinta residual irá escurecer a cor mais clara. Para limpar a superfície, passe delicadamente papel-toalha úmido sobre ela.

4. Use a gelatina novamente
Assim que terminar a impressão, lave a superfície com água fria para retirar a tinta. Se a gelatina quebrar, escorra o líquido e coloque os pedaços em uma panela de fundo grosso. Derreta em fogo baixo, mas não deixe ferver. Despeje a gelatina líquida de volta na fôrma e resfrie para firmar. Depois, coloque-a sobre a base de corte, ponha outra base de corte por cima e enrole com filme de PVC. A gelatina se conservará na geladeira por algumas semanas e poderá ser usada para outras monotipias.

CADERNOS E MARCADORES DE LIVRO FLORAIS
estampa com gelatina – "impressões fantasmas"

Esse projeto é uma ótima introdução ao prazer de criar monotipias. Uma forma mágica e imediata de imprimir, e que a família toda pode praticar, são as monotipias florais, relativamente fáceis de fazer e que produzem resultados incríveis. Os tipos de flores e folhagens disponíveis em cada estação vão inspirar excelentes ideias de cores e resultar em diferentes tipos de imagens.

MATERIAIS

Papel kraft ou toalha plástica de mesa

Papel macio e resistente (teste diferentes tipos de papel para encontrar o que oferece os melhores resultados)

Tinta acrílica – vermelha, azul-ultramar, amarelo-limão e branca

3 pincéis de cerdas redondas

Retardador de secagem de tinta acrílica

Pote com água fria

Prato ou tábua de corte velha, para misturar as tintas

Rolo de espuma

Superfície de gelatina já preparada (p. 14)

Flores, folhagens e samambaias (evite o que for lenhoso, grosso ou tiver haste dura, porque perfuram a gelatina e estragam a superfície de impressão)

Papel de rascunho (pode ser o kraft)

Pinça

Cadernos do tipo brochura de capa lisa

Estilete

Régua de metal

Base de corte

Cola branca

Pincel largo de 5 cm e cerdas duras

Para os marcadores

Papel-cartão grosso

Furador de papel

Fita de tecido

GRAU DE DIFICULDADE

Fácil

COMO FAZER

1. Prepare o papel e a superfície de trabalho
Trabalhe em um local fresco, sobre uma superfície limpa e nivelada – a mesa da cozinha coberta com papel kraft ou toalha plástica de mesa funciona bem. Se tiver folhas grandes de papel, corte-as 2,5 cm mais largas do que a superfície de gelatina.

2. Misture as tintas
Os tons que obtive misturando as tintas foram:

Verde-limão = branco + amarelo + um pouco de azul.
Rosa = vermelho + branco + um pouco de amarelo.
Lilás = branco + azul + um pouco de vermelho.

A consistência da mistura deve ser ideal para que o pincel passe através da tinta. Se ficar muito densa ou aguada, as impressões sairão sem definição. Adicione um pouco de retardador com a ponta do pincel, para evitar que o acrílico seque muito rápido, e um pouco de água, se necessário, para obter a consistência certa. Não trabalhe diretamente sob lâmpada quente, porque ela apressa a secagem da tinta.

3. Prepare a gelatina
Quando a gelatina estiver na consistência certa, deslize o rolo de espuma na tinta, depois na gelatina. Cubra a superfície inteira com tinta, recarregando o rolo à medida que prossegue, até obter uma camada de tinta fina e uniforme **(a)**. Trabalhe rapidamente para evitar que a tinta seque durante o processo.

4. Arrume as flores e a folhagem
Coloque delicadamente as flores e a folhagem sobre a superfície pintada **(b)**, sem prejudicá-la caso precise movimentar a folhagem e sem deixar marcas de dedos.

5. Obtenha o contorno da impressão
Pegue um pedaço de papel kraft e coloque sobre as flores. Alise delicadamente o papel, sentindo as flores e a folhagem com a ponta dos dedos; aplique uma leve pressão sobre toda a superfície do papel. Levante o papel devagar. Você terá nas mãos a impressão do contorno das flores e da folhagem. Retire cuidadosamente as flores e a folhagem da gelatina com a pinça, mas trabalhe rápido para que a tinta não seque antes de imprimir. Ao remover as plantas, uma impressão "fantasma" das flores e da folhagem ficará na tinta. **(c)** Cuidado para não borrá-la.

6. Passe a impressão "fantasma" para o papel
Quando tiver removido todas as plantas, coloque o lado liso do papel de impressão virado para a superfície de gelatina **(d)**. Com cuidado para não movimentar o papel, alise com firmeza a superfície do papel com a palma da mão. Delicadamente levante o papel e terá uma linda estampa floral!

7. Prepare-se para encapar os cadernos
Quando os papéis estampados estiverem secos, você poderá começar essa etapa. Primeiro, pegue um caderno e verifique como posicioná-lo no verso da folha de papel

estampado, de tal modo que as bordas tenham a mesma largura de todos os lados e que a capa inteira do caderno fique coberta com a imagem estampada. Talvez seja preciso aparar um pouco o papel.

8. Cole a frente
Coloque uma folha de papel kraft ou de rascunho entre a capa da frente e a primeira página do caderno para uma não grudar na outra quando colar o papel com a estampa. Misture um pouco de água com a cola branca para ficar mais fácil passá-la. Espalhe a cola rápida e uniformemente na capa da frente do caderno. Ponha a capa com cola sobre o verso do papel com a estampa. Levante as páginas do caderno e pressione sobre a parte interna da capa com a palma da mão.

9. Cole a parte de trás
Coloque outra folha de papel kraft entre a contracapa e a última página do caderno. Aplique um pouco de cola na lombada e na contracapa. Levante a capa da frente e pressione a lombada do caderno sobre o papel com a estampa (tente manter o papel bem apertado para não ficar folgado ou enrugado). Pressione contra a parte interna da contracapa com a palma da mão.

10. Faça o acabamento
Dependendo do tipo de caderno, o papel pode tanto ser aparado rente à borda ou dobrado sobre a borda da capa e colado. Dobrar é ligeiramente mais complicado, porque é preciso levantar o alto da lombada e colar a borda do papel por baixo, aparando os cantos da capa antes de colar os lados.

11. Faça marcadores de livros
Cole o papel com a estampa floral sobre papel-cartão grosso. Quando secar, corte em tiras de 6,5 cm x 15 cm para fazer marcadores de livros. Para o acabamento, faça um furo no centro da borda superior de cada um e passe por ele uma fita colorida.

ESTAMPA DE PASSARINHO NO NINHO
impressão com gelatina – tinta manipulada, camadas e colagem

Esse projeto mostra como é possível dispor várias camadas de efeitos de monotipia para criar uma imagem mais interessante. O desenho é composto de tinta manipulada e texturas, além de usar estêncil. Quando pegar o jeito dessa técnica, você poderá introduzir mais elementos, como impressões de flores e texturas impressas para criar imagens maiores. Vale a pena usar papéis de boa qualidade se quiser emoldurar seu trabalho.

DICA

Ao cortar a gelatina para essa impressão, conserve as aparas. Elas poderão ser derretidas juntamente com a gelatina usada nesse projeto para criar uma nova superfície de impressão.

MATERIAIS

Superfície de gelatina já preparada (p. 14)

Faca afiada

Papel vegetal

Lápis 2B

Lápis 5H

Papel-cartão 230 g/m² ou papel sulfite

Estilete de precisão

Fita-crepe

Papel-cartão ou outro papel de boa qualidade, cortado no tamanho certo para a moldura, um pouco maior que a gelatina (25 cm x 22 cm)

Tinta acrílica – vermelha, azul-ultramar, amarelo-limão, preta e branca

3 pincéis de cerdas redondas

Retardador de secagem de tinta acrílica

Pote com água fria

Prato ou tábua de corte velha, para misturar as tintas

Pincel largo, de 5 cm e cerdas duras

Pincel nº 1 fino, de cerdas redondas

GRAU DE DIFICULDADE

Médio

MOLDES

Passarinho com ovos (parte interna da capa), ampliado em 141%

COMO FAZER

1. Prepare a superfície de gelatina e o molde
Corte a gelatina com a faca na medida de 20 cm x 16,5 cm. Amplie o molde do passarinho com ovos e transfira o contorno para o papel-cartão. Recorte o pássaro e os ovos com estilete sobre a base de corte. (Lembre-se de que esse é um molde e não um estêncil – serão usadas as formas do passarinho e dos ovos em vez do papel em volta.)

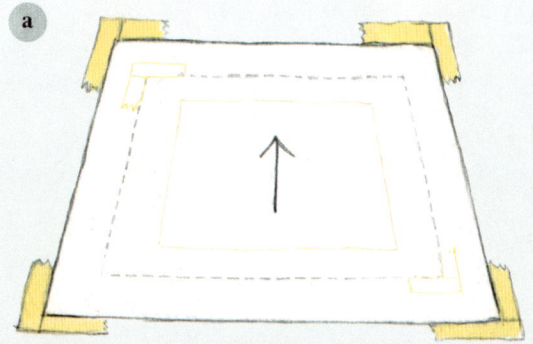

2. Crie marcas de registro para a impressão
Para que as múltiplas camadas fiquem no lugar certo, use fita-crepe para criar marcas de registro e se orientar. Passe a fita na mesa em volta das bordas da base de corte ou tábua em que a gelatina está, para que não saia do lugar enquanto estiver fazendo a impressão. Pegue o papel que receberá a estampa e, com o lápis, desenhe uma flecha no verso para mostrar para que lado deve estar voltado no momento da impressão. Coloque delicadamente o papel (o lado direito para cima) sobre a gelatina, de tal modo que ela fique centralizada sob o papel e ponha a fita-crepe na mesa, nos quatro cantos do papel **(a)**. Portanto, para ter o registro da impressão, é necessário que o papel esteja com o lado certo para cima e centralizado dentro dos cantos marcados com fita.

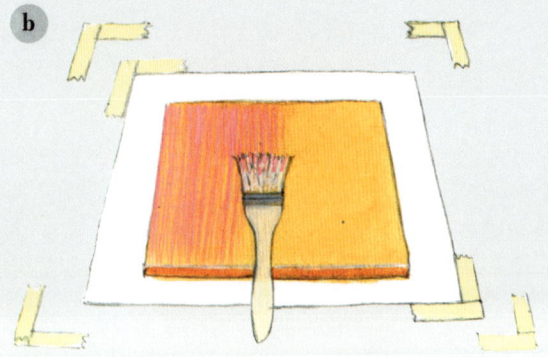

3. Imprima a primeira camada de fundo
Misture a tinta vermelha com a branca e um pouco da amarela para fazer um rosa queimado. Misture a tinta com um pouco de retardador de secagem, para evitar que a tinta resseque, e um pouco de água, se necessário, para obter a consistência certa. Pinte a gelatina usando o pincel largo no sentido vertical, de tal modo que a superfície fique hachurada **(b)**. Coloque o papel sobre a superfície pintada, alinhando os cantos com as marcas de registro e a flecha a lápis apontando o sentido certo. Alise toda a superfície da gelatina com a palma da mão. Remova o papel.

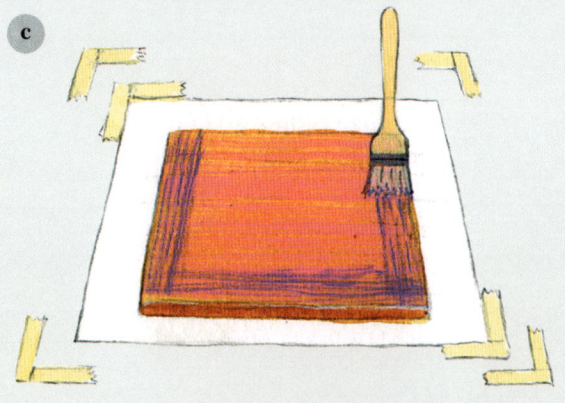

4. Imprima a segunda camada de fundo
Misture a tinta branca, a azul e um pouco da vermelha com um pouco de retardador e água, se necessário, para obter tinta lilás. Pinte novamente a superfície de

gelatina com o rosa queimado, dessa vez no sentido horizontal. Com um pouco do lilás, pinte em volta da borda da superfície da gelatina com uma pincelada mais larga de tinta para criar uma moldura de cor suave **(c)**. Mais uma vez, posicione a primeira impressão dentro das marcas de fita-crepe e pinte a imagem; alise de novo a superfície de gelatina com a palma da mão. Remova o papel. A essa altura não se preocupe se houver uma perda de registro; isso pode acrescentar outra dimensão à aparência final da impressão.

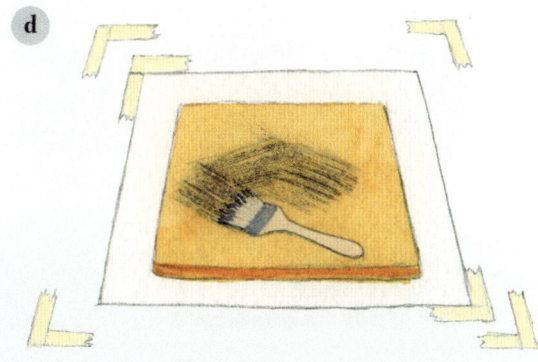

5. Prepare a terceira camada
Misture um pouco de tinta preta, azul e branca para obter um preto-azulado. Acrescente um pouco de retardador e um pouco de água, se necessário. Pinte a forma do ninho na gelatina, com movimentos leves semicirculares do pincel **(d)**. O ninho deve ser grande o suficiente para que os moldes do passarinho e dos ovos caibam dentro dele.

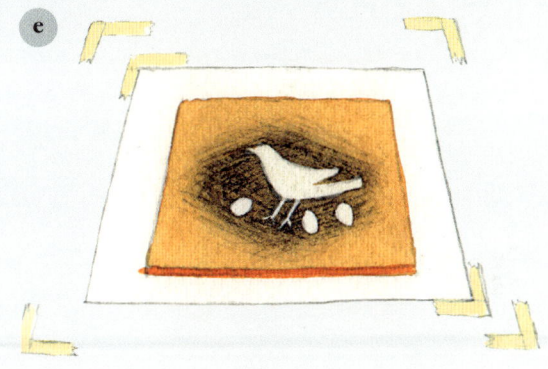

6. Imprima a terceira camada
Coloque os moldes de passarinho e dos ovos em cima do ninho **(e)**. Cuidado para não mexer na superfície pintada. Reposicione o papel sobre a gelatina dentro das marcas de registro e alise delicadamente a superfície com a palma da mão, prestando atenção especial ao local em que o passarinho e os ovos estão posicionados. Os moldes do passarinho e dos ovos vão funcionar como máscara: o que vai aperecer é a superfície hachurada de rosa. Retire a impressão e, com o pincel fino e a tinta preta azulada, faça um olhinho diretamente sobre o pássaro da monotipia. Deixe secar e depois emoldure.

PROJETO...

MÓBILE DE AVES VOANDO
impressão com gelatina – texturas e padrões de monotipia

Fiz um móbile de animaizinhos pintados à mão para minha filha antes de seu nascimento. Quando ela chegou à adolescência, decidi que estava na hora de substituí-lo por um novo.

Há muitos pássaros em nosso jardim por causa das árvores majestosas que rodeiam nossa casa. Pensei que seria interessante criar algo que refletisse as formas dos passarinhos durante o voo, empregando padrões, texturas e combinações de cores incomuns na monotipia. As técnicas descritas aqui, que manipulam tintas na superfície da impressão em diversos modos para criar efeitos diferentes, funcionam muito bem para esse projeto.

DICA
A renda que usei é larga e muito trabalhada. Se a sua renda for mais estreita, corte algumas tiras longas e coloque-as juntas na gelatina pintada.

MATERIAIS

Papel vegetal

Lápis 3B

Lápis 5H

Folha A2 de papel-cartão de 230g/m² a 300 g/m²

Estilete de precisão

Base de corte

Furador de papel

Tinta acrílica – vermelha, azul-ultramar, amarelo-limão, preta e branca

5 pincéis com cerdas redondas

Retardador de secagem de tinta acrílica

Pote com água fria

Prato ou tábua de corte velha, para misturar as tintas

Superfície de gelatina já preparada (p. 14)

Pincel largo, de 5 cm e cerdas duras

Papel kraft

Renda de algodão com design bem definido

Pincel nº 5 médio, de cerdas redondas

Plástico-bolha

Para o móbile

Furador "agulhão" para encadernação (opcional)

4 hastes de madeira de 6 mm de espessura por 35 cm de comprimento, pintadas na cor desejada

Barbante

Tesoura

Fio de náilon

GRAU DE DIFICULDADE
Médio

MOLDES
Aves (parte interna da contracapa), ampliadas em 141%

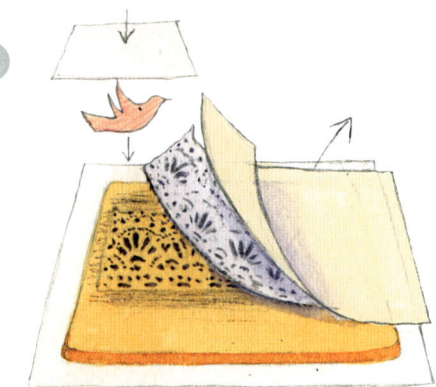

COMO FAZER

1. Prepare as aves
Amplie os moldes de aves; decalque e transfira os contornos para papel-cartão grosso (p. 10); recorte-os com cuidado usando um estilete de precisão sobre a base de corte. São necessárias quarenta aves; você pode usar os oito moldes ou escolher seus favoritos (fiz cinco aves de cada um dos oito desenhos). Com o furador de papel, perfure os pontos marcados nas aves – através deles, vai passar o fio de náilon na montagem do móbile.

2. Misture as cores de tinta
Usei diversas tintas para as aves, trabalhando com uma por vez. Escolha entre estes tons:
Roxo = vermelho + azul-ultramar + um pouco de branco.
Roxo-escuro = acrescente um toque do preto + um pouquinho de azul-ultramar à mistura roxa.
Rosa = vermelho + branco.
Rosa queimado = acrescente um pouco de amarelo--limão à mistura rosa.
Verde = azul-ultramar + amarelo-limão + branco.
Verde-claro = acrescente mais de branco à mistura verde.
Azul esverdeado = acrescente mais azul-ultramar à mistura verde.
Azul-lavanda = azul + branco + um pouco de vermelho. Adicione um pouco de retardador a cada cor, para evitar que seque muito rápido, e um pouco de água, se necessário; não trabalhe diretamente sob lâmpada quente, porque ela apressa a secagem e acaba afetando o aproveitamento da tinta.

3. Imprima as aves hachuradas horizontalmente
Com o pincel largo e a tinta rosa, faça hachuras horizontais na gelatina **(a)**. Coloque dois ou três moldes de aves sobre a gelatina pintada e ponha papel kraft por cima. Pressione com a palma da mão delicadamente sobre a superfície. Repita o processo nos outros lados das aves. À medida que fizer a impressão, descobrirá que o contorno delas ficou impresso no papel kraft, o que é muito bonito e pode ser aproveitado para outros projetos. Pensando nisso, você pode usar um papel melhor. E se usar a mesma folha diversas vezes, vai conseguir muitas imagens aleatórias interessantes.

4. Imprima as aves com hachurado cruzado
Com outra tinta, a roxa por exemplo, passe o pincel verticalmente na gelatina – lembrando que optar por uma cor mais clara que a aplicada anteriormente exige limpar a gelatina (p.14). Pegue algumas das aves com estampas e coloque-as sobre a gelatina novamente, de forma que as pinceladas fiquem em ângulo reto em relação às hachuras impressas nelas anteriormente. Ponha papel kraft sobre as aves e pressione delicadamente. Repita o processo no outro lado de cada pássaro.

5. Estampe as aves com renda
Pinte a superfície da gelatina com tinta roxa-escura com pinceladas verticais ou horizontais – não importa a extensão delas, desde que todas sejam feitas na mesma direção. Coloque a renda sobre a superfície pintada e tire a

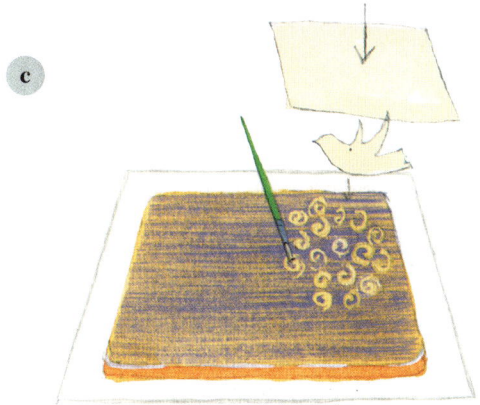
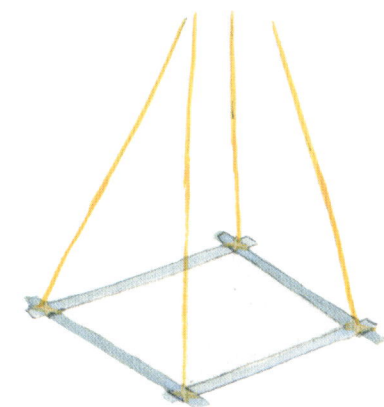

impressão do contorno usando papel kraft e pressionando delicadamente com a palma da mão. Remova com cuidado a renda – a impressão detalhada da renda estará na gelatina. Em seguida, ponha uma ou mais aves em uma metade da marca da renda, de tal modo que se possa usar a outra metade para manter a continuidade de cor e padrão. Coloque um pedaço pequeno de papel kraft sobre as aves, sem mexer na outra metade da impressão da renda **(b)**. Alise delicadamente o papel kraft com a palma da mão. Levante o papel kraft e as aves, que estarão com a imagem detalhada da impressão da renda. Imprima o outro lado das aves sobre a outra seção da impressão da renda. Para obter maior contraste de cores, experimente imprimir a renda por cima das aves rosas.

6. Imprima as aves com tinta manipulada
Pinte a superfície de gelatina com a tinta roxa, aplicando a cor no sentido horizontal. Com um pincel nº 5 limpo, crie espirais sobre a gelatina, limpando a tinta do pincel à medida que segue adiante. Use metade da gelatina pintada para imprimir algumas aves **(c)**. Imprima o outro lado das aves usando a outra metade da superfície de gelatina.

7. Imprima as aves com a textura do plástico-bolha
Limpe a gelatina (p. 14) e pinte-a de azul-lavanda no sentido horizontal. Coloque o plástico-bolha sobre a gelatina, com as bolhas para baixo; pressione com a palma da mão e, com cuidado, remova-o da gelatina. Uma impressão do plástico-bolha terá se formado na superfície pintada. Tente usar a metade da gelatina pintada para imprimir algumas aves, depois imprima o outro lado das aves usando a outra metade da gelatina. Se desejar, para dar mais profundidade na cor, use o plástico-bolha, que estará com tinta azul-lavanda, para imprimir diretamente sobre algumas aves que pintou. Para obter outro efeito, pinte a superfície da gelatina com outra cor mais clara e coloque o plástico-bolha sem limpá-lo sobre a superfície pintada; a cor do plástico-bolha vai se transferir para a superfície, criando círculos de cor diferente no fundo. A partir daí pode ser feita uma nova impressão. Se desejar obter outra impressão a partir do plástico-bolha limpo, remova a tinta dele e repita o projeto original. Deixe as aves secarem. Se desejar, use um furador agulhão para fazer os olhinhos.

8. Faça o móbile
Faça um quadrado com as quatro hastes de madeira pintadas, sobrepondo-as nos cantos. Fixe as hastes juntas com o barbante para fazer uma moldura quadrada. Amarre um pedaço de 50 cm de barbante saindo de cada canto. Junte as pontas dos barbantes **(d)**, verifique se a moldura de madeira está nivelada e dê um nó unindo os barbantes. Pendure a moldura baixo o suficiente para alcançá-la e pendurar as aves. Amarre-as com fios de náilon, dando nós para prendê-los. Disponha os fios nas hastes em diversos comprimentos, prendendo até dez pássaros a cada haste, e apare as pontas amarradas do barbante para um bom acabamento.

SACOLA COM CORAÇÃO

estamparia em gelatina – monotipia em tecido com impressão "fantasma"

Essa sacola exibe a beleza das flores e é um exemplo de como se pode capturar detalhes delicados em monotipias em tecido. É um presente especial de aniversário ou de Dia das Mães.

A imagem pode também ser estampada sobre almofada, saco de lavanderia, fronha ou papel para fazer uma gravura para o quarto. Com um molde menor, você faz um lindo cartão de Dia dos Namorados ou sachês perfumados.

Use tecido de cor neutra com trama fina – melhor para captar e destacar detalhes. Algodão tricoline ou algodão cru de espessura fina funcionam bem para essa técnica de impressão e não são muito caros.

MATERIAIS

Sacolas de algodão cru tipo *ecobag*

Ferro e tábua de passar roupa

Folha A3 de papel vegetal

Lápis 3B

Lápis 5H

Folha A3 de papel-cartão de 230 g/m² a 300 g/m²

Estilete de precisão

Base de corte

Tinta acrílica – vermelha, azul e branca

Pincel de cerdas redondas

Diluente de tinta acrílica para tecido

Pote com água fria

Prato ou tábua de corte velha, para misturar as tintas

Papel kraft

Superfície de gelatina já preparada (p. 14)

Pincel largo, de 5 cm e cerdas duras

Flores variadas

Pinça

NÍVEL DE DIFICULDADE
Fácil

MOLDE
Coração (parte interna da capa), ampliado em 141%

COMO FAZER

1. Prepare as sacolas
Primeiro lave as sacolas para remover qualquer tratamento dado ao tecido (p. 11). Deixe secar e passe com ferro a vapor.

2. Prepare o molde de coração
Amplie o molde de coração, verificando se está no tamanho certo para caber na superfície de gelatina preparada; decalque o contorno e o transfira, centralizado, para o papel-cartão (p. 10). Recorte o coração com estilete de precisão sobre a base de corte. Jogue fora o miolo do coração e conserve o contorno do papel em volta.

3. Misture as cores de tinta
Misture as tintas azul e vermelha com um pouco da branca para fazer a azul-lavanda; adicione um volume

semelhante de diluente de tinta acrílica para tecido e, se necessário, um pouco de água. Misture bem. Não trabalhe diretamente sob lâmpada quente, porque ela apressa a secagem e acaba afetando o aproveitamento da tinta. Ponha uma folha de papel kraft dentro de cada sacola para evitar que a tinta penetre para o avesso do tecido quando fizer a impressão.

4. Prepare a superfície de impressão

Coloque a superfície de gelatina em modo "retrato" e pinte-a uniformemente no sentido vertical usando o pincel largo (isso deixa um pouco de resíduo na impressão "fantasma", criando uma imagem mais forte). Disponha as flores mais ou menos em forma de coração. Segure o estêncil de coração virado para baixo para ter certeza de que será preenchido com as flores **(a)**. O coração é virado para baixo, de tal modo que as alças da sacola fiquem fora da mesa e não atrapalhem a impressão.

5. Apronte-se para estampar

Para tirar a primeira impressão do contorno, coloque um pedaço de papel kraft sobre as flores e alise-o delicadamente com a palma da mão. Retire o papel e remova as flores com a pinça – deverá haver uma boa impressão de flores na gelatina. Se não estiver definida o suficiente, pinte novamente a superfície com um pouco mais de tinta e repita o processo. Faça uma impressão em papel para verificar se tudo está de acordo. Quando tiver uma boa impressão de flores na gelatina, ponha o molde de coração de cabeça para baixo sobre a superfície. A forma vazia de coração ficará preenchida com as impressões de flores **(b)**. Cubra com tiras de papel qualquer superfície pintada que não deseje passar para a sacola.

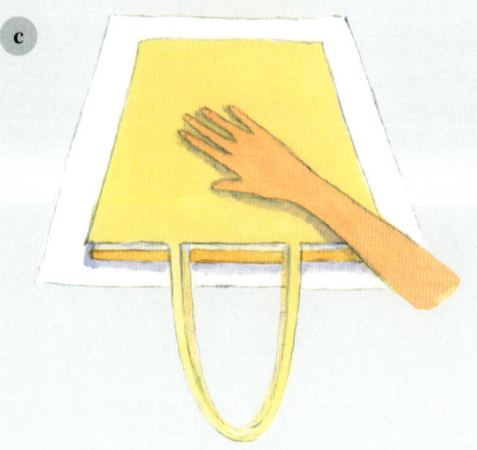

6. Imprima a sacola

Posicione a sacola virada para baixo em cima do molde de coração, centralizando-a sobre a imagem (deixei-a a 7,5 cm do fundo da sacola). Coloque-a sobre a superfície pintada e alise o tecido com a palma da mão limpa **(c)**. Sinta o contorno do molde e aplique pressão onde a imagem impressa ficará. Insira a mão na sacola, sem mover o tecido, e alise o papel que está dentro. Levante com cuidado um canto da sacola e retire-a da gelatina. Pendure-a para secar, depois escove para tirar sementes e estames. Fixe a imagem com ferro em temperatura média (p. 11).

GRAVURA "LAR DOCE LAR"
impressão em gelatina – monotipia com colagem

Essa pequena gravura representa meu amor por pedaços de renda e por artesanato. É uma forma prazerosa de compor imagens arrumando os elementos como numa colagem e fazendo a impressão a partir disso. Outro aspecto divertido é procurar folhas que pareçam miniaturas de árvores.

Vale a pena pesquisar e recolher tipos diferentes de rendas e qualquer outra coisa que imagine que funcionará na impressão, especialmente fitas, passamanarias, papéis ornamentais recortados e toalhinhas rendadas de crochê. Seja em um quadro ou mesmo em um cartão, essa gravura é um bom presente para quem acabou de mudar de casa.

MATERIAIS

Faca afiada

Superfície de gelatina já preparada (p. 14)

Estilete de precisão

Papel vegetal

Lápis 3B

Lápis 5H

Papel sulfite

Base de corte

Tinta acrílica – vermelha, azul-ultramar e branca

Pincel de cerda de cabeça redonda

Pote com água fria

Retardador de secagem para tinta acrílica

Prato ou tábua de corte velha, para misturar as tintas

Pincel largo, de 5 cm e cerdas duras

Tesoura

Flores, folhagens e samambaias que lembrem árvores e arbustos (evite o que for lenhoso, grosso ou tiver haste dura, porque perfuram a gelatina e estragam a superfície de impressão)

Fita de renda com larguras variadas e design bem definido

Pinça

Papel-cartão liso de 230 g/m²

NÍVEL DE DIFICULDADE
Fácil

MOLDE
Casa (parte interna da contracapa)

COMO FAZER

1. Prepare a superfície e os moldes
Corte a gelatina com a faca na medida de 16 cm x 11 cm. Decalque o molde da casa; transfira o contorno para o papel sulfite (p. 10) e recorte-o cuidadosamente com o estilete sobre a base de corte. (Vale a pena recortar vários moldes para poder fazer muitas impressões.) Corte pedaços de fita de renda para fazer uma moldura na borda da superfície da gelatina.

2. Misture as cores de tinta
Misture a tinta azul-ultramar com uma pequena quantidade da vermelha e da branca para obter a azul-lavanda. Adicione um pouco do retardador e um pouco mais de água do que o usual para que o pincel se mova mais facilmente através da tinta – a tinta não deve ficar muito aguada, mas deve deixar um resíduo na gelatina depois que a impressão do contorno for feita. (O melhor modo de conseguir a consistência certa é fazer alguns testes de impressão com pequenas quantidades de folhagem e pedacinhos de papel.)

3. Aplique a tinta e os moldes
Com o pincel largo, passe cuidadosamente a gelatina com pinceladas horizontais bem próximas. Arrume tiras da fita de renda em volta das bordas da gelatina para fazer um *passe-partout*; use uma renda mais trabalhada na borda inferior para representar a paisagem em primeiro plano. Posicione a casinha centralizada sobre a fita de renda da borda inferior **(a)**.

4. Coloque a folhagem
Selecione folhas e folhagens que pareçam árvores, retirando as folhas da base das hastes para criar o tronco **(b)**. Posicione sobre a fita de renda da borda inferior. Coloquei uma margarida virada sobre a gelatina (lembre-se de que a imagem ficará impressa de trás para frente!) para representar o sol.

5. Faça a impressão do contorno
Coloque uma folha de papel sulfite branco sobre a gelatina e alise delicadamente o verso do papel com a palma da mão. (Não pressione demais para não transferir toda a tinta para a impressão do contorno – deve-se deixar um resíduo de tinta para definir o contorno da casinha.) Retire o papel e terá uma bela impressão do contorno, que pode ser aparada e montada para compor outro trabalho.

6. Imprima a figura
Remova a renda e a folhagem da gelatina com a pinça, mas não o molde da casa, que vai funcionar como estêncil **(c)**. A impressão da renda e da folhagem deverá estar visível na gelatina. Coloque o papel sulfite centralizado sobre a imagem para que haja uma borda branca homogênea e alise firmemente com a palma da mão. Remova o papel com a estampa e deixe-o secar. Essa gravura fica bem em uma moldura simples cinza-clara ou decapê.

MARMORIZAÇÃO SIMPLES

Comprei um kit de marmorização para meus filhos em umas férias de verão. Eles passaram horas manipulando as tintas na banheira de marmorização, criando inúmeras folhas lindas de papel. A marmorização é uma forma mágica de monotipia, perfeita para crianças, pois elas adoram experimentar e estão cheias de ideias novas.

O único problema do kit é que eu precisava controlar o uso de tinta, porque tínhamos poucos potes. Isso me fez pensar: se as tintas para marmorização são feitas de líquido acrílico, não daria para fazê-las com nossas próprias tintas acrílicas? A solução foi adicionar a elas o pó CMC (carboximetilcelulose), um espessante disponível em lojas de material de pintura que transforma água em gel.

Tentei manter baixos os custos e o tempo de preparação. Se quiser ir adiante com essa técnica, pode comprar alúmen (sulfato de alumínio e potássio) para tratar papéis e tecidos a fim de auxiliar a aderência antes da marmorização.

MATERIAIS

Bandejas para marmorização – devem ser claras para que as tintas de marmorização fiquem visíveis na superfície. Se quiser economizar, uma bandeja sanitária (nova) para gato, uma bacia ou uma assadeira de metal funcionam para fazer cartões e etiquetas (para papéis grandes, precisará de caixas de plástico rasas maiores)

Jarra medidora

Balde limpo para fazer uma grande quantidade de gel

Colher de chá

Pó CMC (carboximetilcelulose)

Máscara de proteção respiratória

Água morna filtrada

Batedor manual

Tinta acrílica para tela – vermelha, azul-cobalto ou ultramar, amarelo-limão, preta, branca e mesmo bronze

Diversos pincéis para misturar as cores

Água filtrada para afinar tintas acrílicas

5-10 potes pequenos com tampa, para misturar tintas

Avental ou roupas velhas

Luvas plásticas

Conta-gotas – um para cada cor; se não os tiver em número suficiente, limpe a pipeta para mudar de cor enchendo e esvaziando com água

Bastão limpo ou a ponta de um pincel

Papel ou papel-cartão – a maioria deles funciona bem; é questão de tentativa e erro, e de disponibilidade. O papel colorido pode ser interessante por proporcionar contraste à marmorização. Alguns papéis são muito absorventes: com esses, mantenha o tamanho pequeno e trabalhe rapidamente

Bandeja de água – do mesmo tamanho da bandeja de marmorização

Corda de varal com pregadores ou varal de pé com barras de plástico (que podem ser limpadas depois)

Ferro e tábua de passar

Para os pentes

Caixa de papelão

Tesoura

Palitos de dente ou espetinhos de madeira

Cola branca

Papel-cartão reforçado ou papel grosso

Quando marmorizar

É melhor em dias ensolarados e sem vento, para ajudar a firmar e secar os papéis marmorizados. Se estiver marmorizando folhas grandes de papel, é melhor fazer isso ao ar livre ou em área de serviço que tenha piso lavável e acesso fácil para o lado de fora. A marmorização envolve bagunça e molhadeira, deixando o chão escorregadio, especialmente quando se marmorizam papéis grandes. Para minimizar tudo isso, deixe o papel com gel marmorizante (água espessada com CMC) escorrer antes de transportá-lo para a bandeja de água.

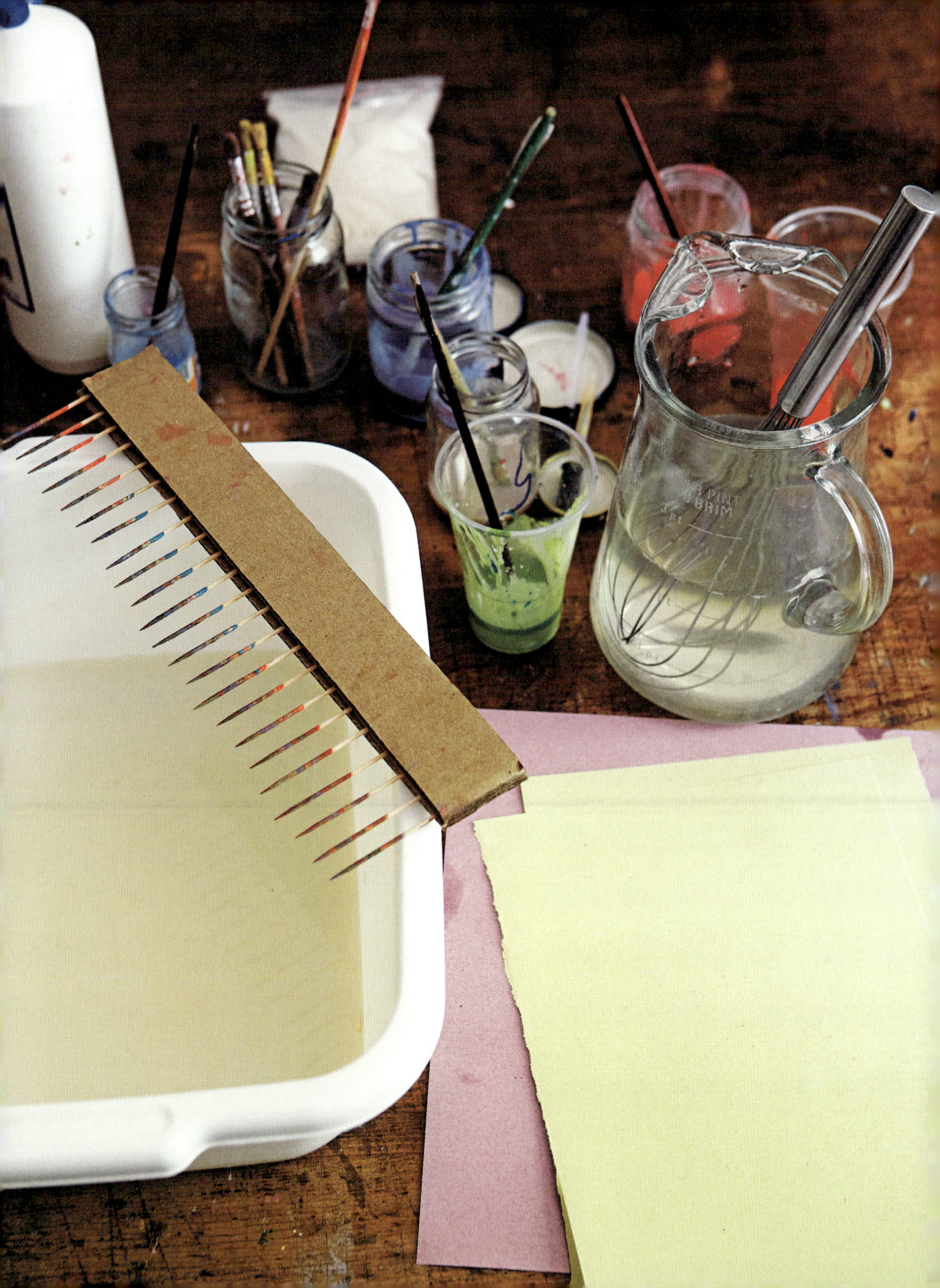

1. Prepare o banho de marmorização

Verifique se a previsão do tempo é propícia para essa atividade. Coloque a bandeja de marmorização sobre uma superfície protegida e nivelada, antes de enchê-la. Para saber a quantidade de gel necessária para fazer um banho de marmorização em qualquer tamanho de bandeja, basta enchê-la de água até atingir a profundidade de 5 cm. Depois veja a quantos litros isso equivale. Para cada 2 litros de água (que deve estar morna na hora do preparo), acrescentam-se 50 g de pó CMC. Use uma batedeira elétrica ou batedor manual para dissolver o CMC e criar uma textura aerada, até virar um gel. Caso fique muito grosso, pode ser amolecido acrescentando-se água filtrada e batendo novamente. A consistência ideal é similar à do gel para cabelos. Para encher uma bacia comum, bastam 2 litros de gel marmorizante, que dura dois ou três dias.

2. Prepare as tintas marmorizantes

Esprema um tubo de tinta acrílica, adicione-a a três partes de água filtrada e mexa bem. O ideal é que fique líquida, mas não aguada – pois se dispersa ao ser colocada na bandeja de marmorização, tornando-se muito apagada – nem muito espessa – neste caso, para no fundo da banheira. É melhor adicionar um pouco de água de cada vez e testar a tinta no banho de marmorização até obter uma consistência satisfatória.

3. Misture as tintas

Vermelho queimado = vermelho + amarelo
Amarelo-limão
Azul-ultramar
Azul-claro = branco + azul-cobalto
Rosa = vermelho + branco
Lilás = vermelho + azul-cobalto + branco
Verde-limão = azul-cobalto + amarelo + branco
Cinza = preto + branco

Para criar um marmorizado mais interessante, é bom usar de três a quatro cores pelo menos. Usar a tinta de cor branca também é uma boa técnica para iluminar o efeito marmorizado.

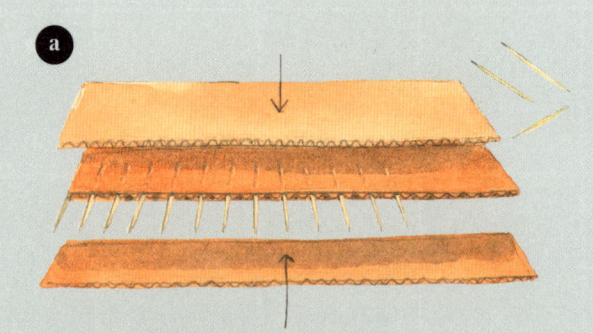

4. Faça o pente de marmorização

É conveniente ter diferentes pentes de marmorização com espaços variados entre os dentes; comece com dois pentes, um com espaço de 1 cm e outro de 2 cm. Se a bandeja de marmorização for quadrada, basta um pente de cada; se ela for retangular, serão necessários dois que se encaixem no comprimento e dois na largura. O tipo de caixa de papelão que tiver determinará se os dentes do pente devem ser de palitos ou de espetinhos. Você vai descobrir, ao cortar o papelão, que ele tem canais por dentro. Canais menores são perfeitos para palitos; canais maiores são mais próprios para espetinhos. Da caixa, corte uma tira com 5 cm de largura e do comprimento da bandeja de marmorização. Corte o papelão para que os canais abranjam sua largura. Se o papelão não for comprido o suficiente, una dois pedaços. Encaixe os palitos firmemente nos canais, espaçando-os uniformemente como os dentes de um pente. Cole e monte a parte de trás do papelão a uma tira reforçada de papel-cartão ou papel grosso. Cole outra tira por cima, de tal modo que o pente fique entre as duas; deixe secar **(a)**.

5. Prepare a área de trabalho

Antes de iniciar o processo de marmorização:
– Coloque os potinhos com as tintas já diluídas perto da bandeja de marmorização.
– Distribua os pregadores em espaços regulares no varal.
– Deixe a bandeja de água por perto, para enxaguar o papel. (Conservo a minha no chão do lado de fora, para ficar mais fácil de esvaziar – faça o que for mais conveniente para você.)
– Prepare o papel – apare ou corte para que se encaixe na bandeja de marmorização.
– Guarde o papel em local seco.

> PROJETO...

CARTÃO COM BORBOLETA
marmorização básica

Depois de passar horas divertidas com meus dois filhos marmorizando pequenas e lindas folhas de papel, fiquei pensando o que fazer com elas. Com um pouco de imaginação, papéis marmorizados podem se tornar graciosos cartões!

MATERIAIS

Kit de marmorização (p. 34)

Papel que fique em pé quando dobrado (200 g/m²), aparado para se encaixar facilmente na bandeja de marmorização

Papel vegetal

Lápis 3B

Lápis 5H

Estilete de precisão

Base de corte

NÍVEL DE DIFICULDADE
Fácil

MOLDES
Borboletas (parte interna da capa), ampliadas em 141%, ou outra medida adequada para seus cartões

COMO FAZER

1. Adicione cor ao banho de marmorização

Pegue a cor escolhida com um conta-gotas e libere gotinhas sobre o banho de marmorização. (Use um pincel para gotejar a tinta se não tiver um conta-gotas.) Experimente espiralar as cores enquanto deixa cair as gotas. Comece fazendo movimentos circulares delicadamente com a ponta do pincel. Ao usar conta-gotas, vai perceber que pode controlar bem a liberação da tinta para as cores ficarem espaçadas uniformemente **(a)**. Pode também gotejar outras cores, uma de cada vez, dentro das primeiras gotas para criar círculos concêntricos de cor. Algumas das cores vão boiar e espalhar-se melhor do que outras. Algumas cores podem impedir outras de se dispersarem adequadamente (é o caso das cores que levam branco, por isso deixe-as por último). Se uma cor for mesmo problemática, adicione um pouco de branco e mexa bem; o clareamento vai ajudar a dispersá-la.

a

2. Coloque o papel-cartão sobre o banho de marmorização

Quando estiver satisfeito com o desenho, verifique se não há bolhas de ar na superfície do líquido. Se houver, estoure-as delicadamente com os dedos. Pegue um

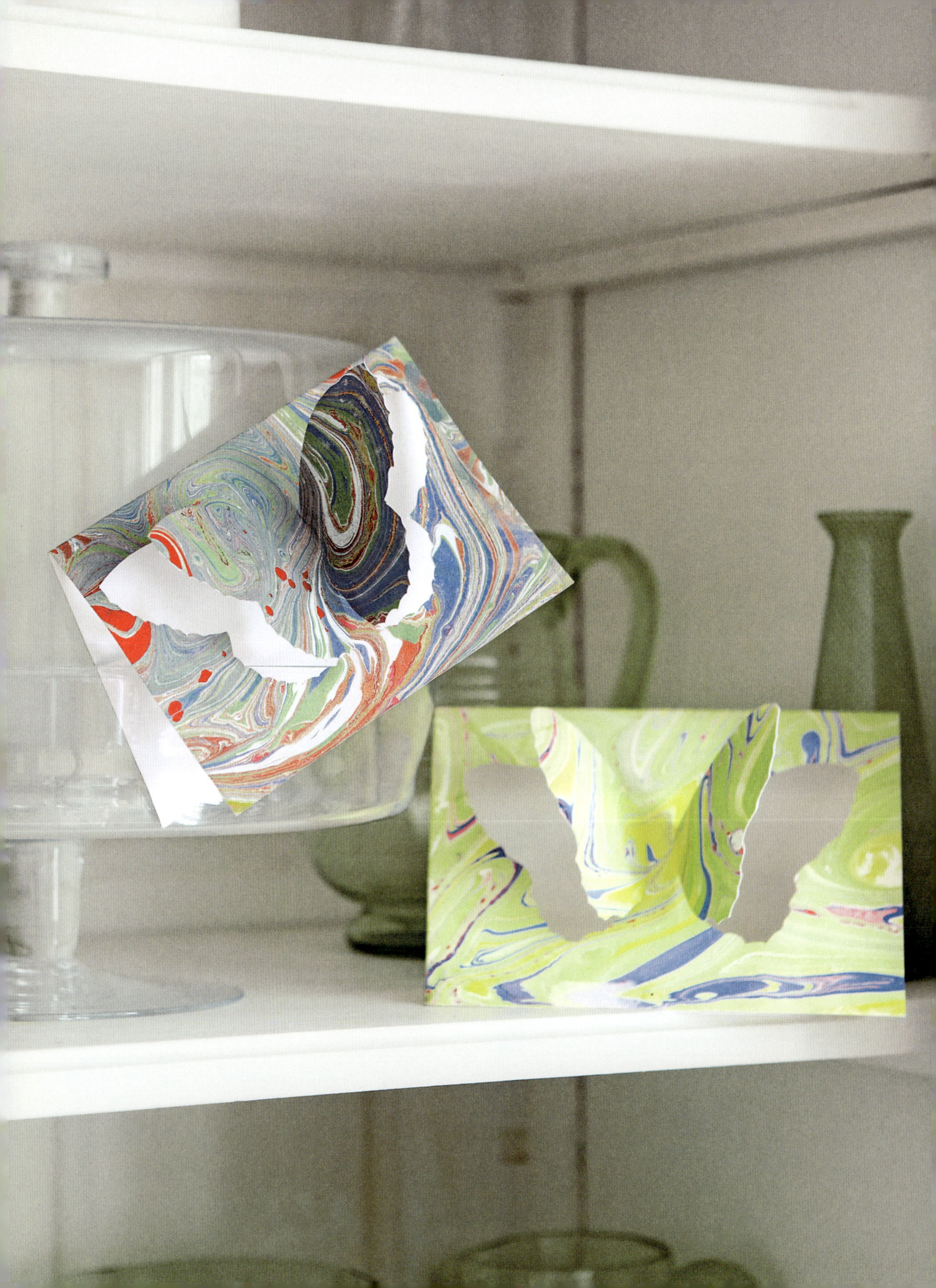

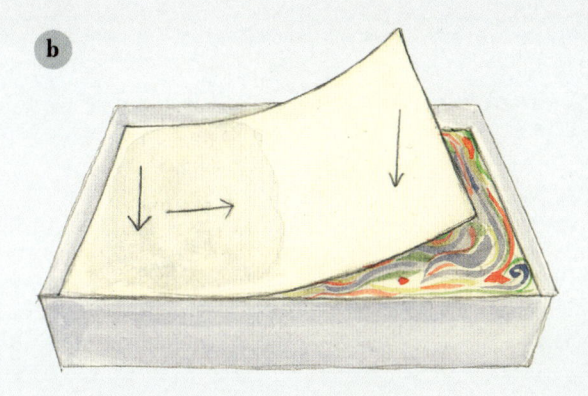

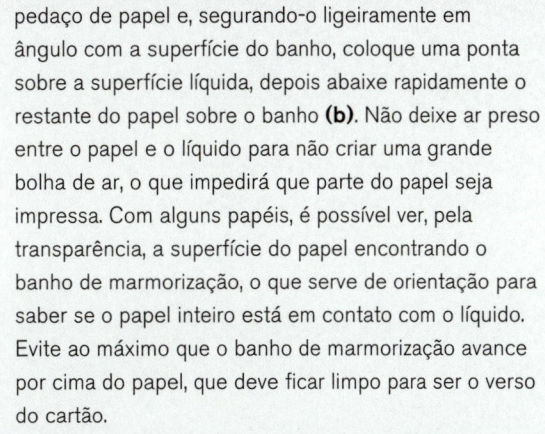

pedaço de papel e, segurando-o ligeiramente em ângulo com a superfície do banho, coloque uma ponta sobre a superfície líquida, depois abaixe rapidamente o restante do papel sobre o banho **(b)**. Não deixe ar preso entre o papel e o líquido para não criar uma grande bolha de ar, o que impedirá que parte do papel seja impressa. Com alguns papéis, é possível ver, pela transparência, a superfície do papel encontrando o banho de marmorização, o que serve de orientação para saber se o papel inteiro está em contato com o líquido. Evite ao máximo que o banho de marmorização avance por cima do papel, que deve ficar limpo para ser o verso do cartão.

3. Enxágue e seque o cartão marmorizado
Levante o papel da superfície do banho de marmorização segurando-o por um canto e deixe o excesso de líquido escorrer do papel para a banheira. Pode acontecer algum sangramento de algumas cores; isso vai sair no enxágue, deixando só a cor marmorizada. Coloque o lado marmorizado do papel na bandeja de água. Pode delicadamente girar a água ou, segurando um canto do papel, pode movê-lo na água para remover o excesso de gel. Deixe o excesso de água escorrer do papel e pendure-o por dois cantos presos com pregadores no varal **(c)**. Quando os papéis estiverem completamente secos, guarde-os com um peso por cima para deixá-los planos. Se estiverem muito enrolados, passe o verso deles com ferro morno.

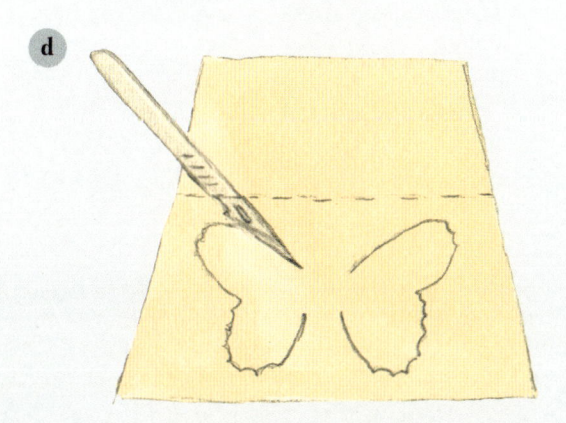

4. Faça as borboletas
Em seguida, dobre ao meio o papel marmorizado – os cartões funcionam melhor quando dobrados em modo "paisagem", mas é possível dobrá-los em quadrados aparados. Amplie o molde de borboletas até o tamanho que caiba nos cartões dobrados, depois decalque-o. Escolha o melhor lado do papel marmorizado. Verifique se a borboleta está com o lado certo para cima e transfira a imagem centralizada sobre a metade de baixo da parte interna do cartão (p. 10). Recorte com cuidado o desenho usando o estilete de precisão sobre a base de corte, cortando todas as linhas até o fim **(d)** e pressione para fora o desenho da borboleta. Apare se for necessário.

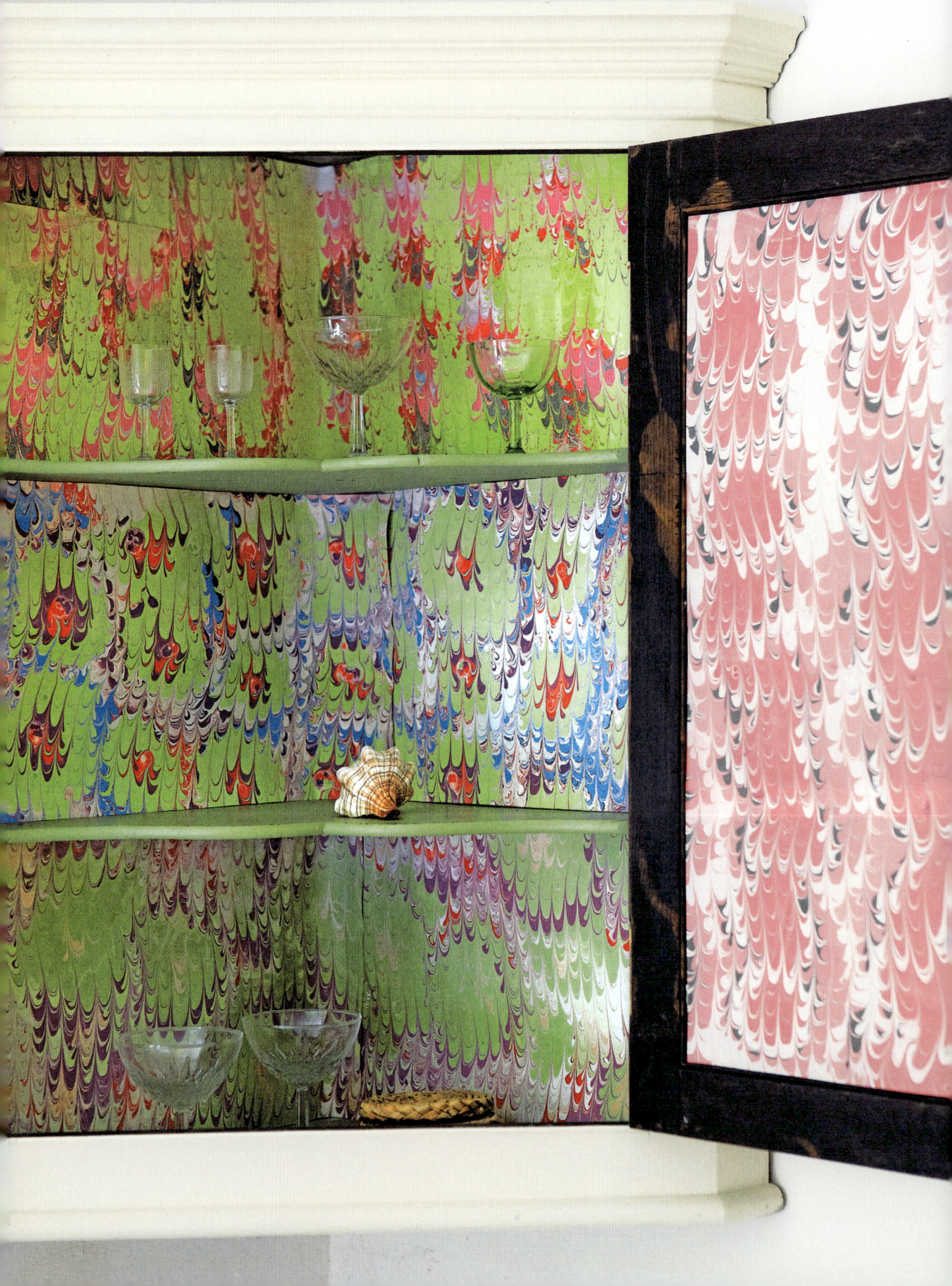

PAPÉIS DECORATIVOS
marmorização penteada

Meus filhos me ajudaram nesse projeto, fazendo lindos papéis decorativos. Eles podem ser usados para forrar prateleiras, embrulhar presentes ou para encapar cadernos e pastas. Cada um deles é a expressão da pessoa que o fez – é único e lindo!

MATERIAIS

Kit de marmorização (p. 34), com bandejas grandes o suficiente para o seu papel

Pente de marmorização (p. 36)

Folhas grandes de papel liso – só dá para saber se o papel vai funcionar por meio de tentativa e erro. Papel de forração (qualquer papel usado para forrar uma superfície, inlcuindo o kraft e o pardo) costuma funcionar bem.

Um dia ensolarado e sem vento!

NÍVEL DE DIFICULDADE
Fácil

COMO FAZER

1. Crie a superfície de marmorização das penas

Com os conta-gotas, goteje a cor em intervalos regulares sobre a superfície do banho de marmorização. Goteje outras cores, uma de cada vez, dentro das primeiras gotas para criar círculos concêntricos de cor. Pegue um pente de marmorização e coloque-o em uma ponta da banheira, movimento-o delicadamente para a outra ponta, de tal modo que passe pelas cores criando a aparência das penas de pavão **(a)**. Retire o pente.

2. Imprima o papel

Pegue um pedaço grande de papel, coloque uma ponta no banho e abaixe o restante rápida e cuidadosamente sobre o líquido (acho mais fácil abaixar o papel horizontalmente). Deve ser possível ver a sombra do banho de marmorização encontrando a superfície do papel, o que vai servir de orientação para verificar se o papel inteiro entrou em contato com o banho quando foi abaixado. Assim que o papel estiver em contato com o banho, levante-o por dois cantos e deixe escorrer o excesso do gel de marmorização. Coloque-o com cuidado no banho de água, agite a água para enxaguar o gel e o excesso de pigmento. Tente não tocar na superfície para não prejudicar a marmorização. Não deixe o papel na água por muito tempo para evitar que fique encharcado demais e se desfaça. Escorra o excesso de água e prenda os cantos de cima do papel no varal com pregadores. Deixe secar, preferivelmente ao sol.

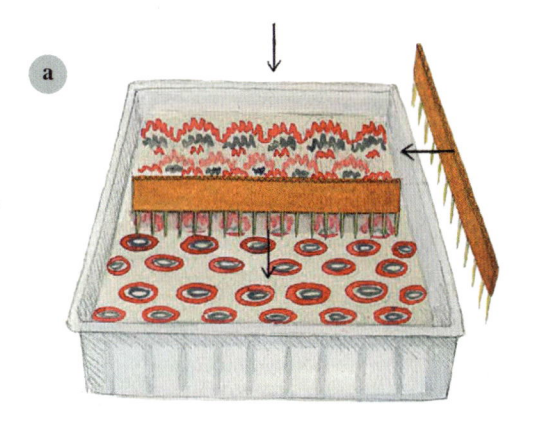

3. Variação

Para variar a técnica anterior, penteie as gotas de tinta verticalmente e depois horizontalmente para criar um padrão penteado bem detalhado. Ou movimente ligeiramente o pente de um lado para o outro, enquanto estiver penteando, e forme um padrão ondulado.

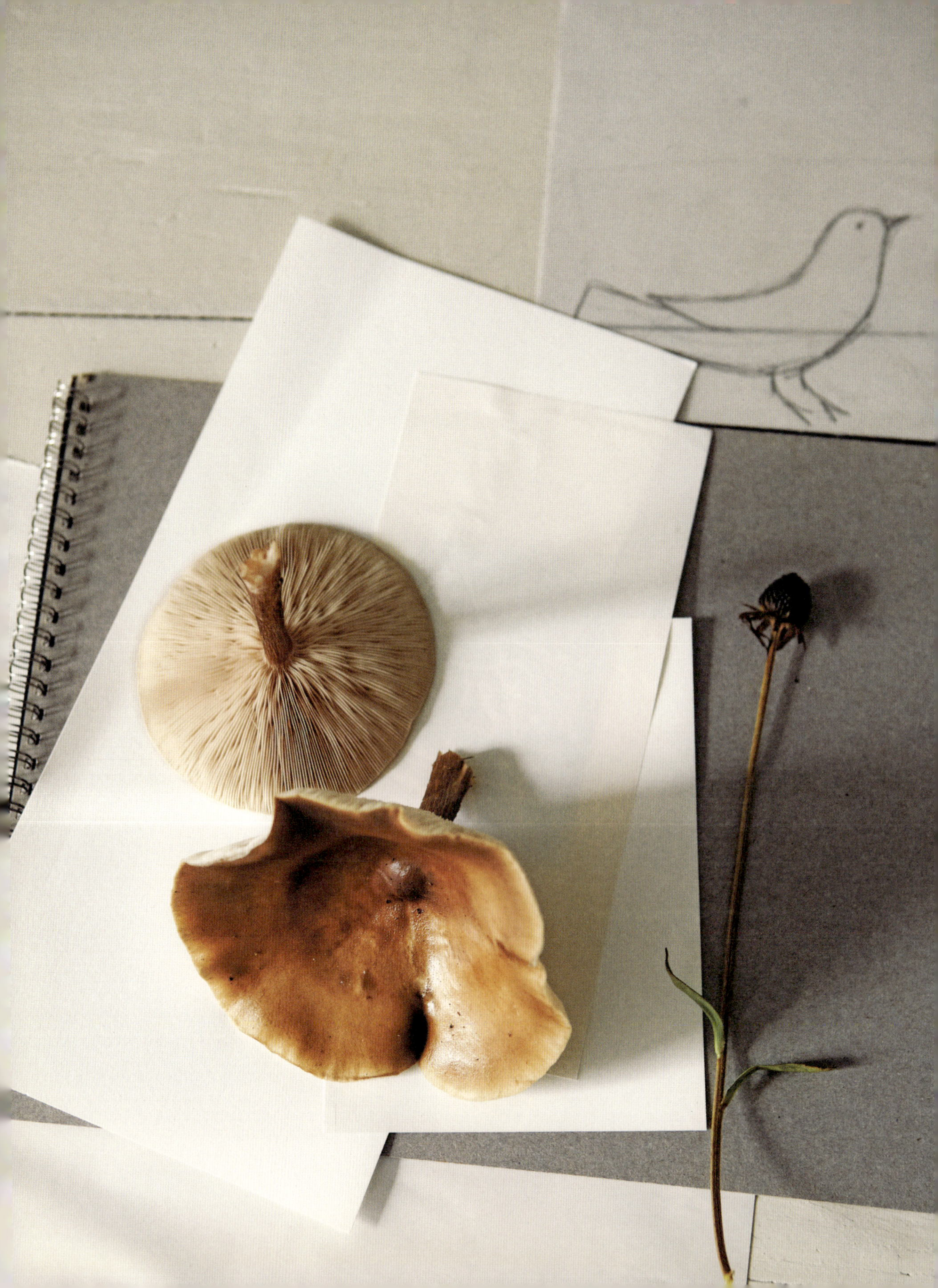

IMPRESSÃO COM ESTÊNCIL

Desenvolvi esse método de impressão enquanto executava um projeto de livro artístico de edição limitada com estudantes. O projeto tinha uma condição: tudo que aparecesse no livro deveria ser impresso à mão. Eu tinha acabado de voltar de uma viagem à Rússia e estava inspirada pela simplicidade e pela força do design dos pôsteres e embalagens lindamente impressos que vi por lá. Em casa de novo, passei noites criando técnicas de impressão e desenvolvi um método em que uma imagem era formada usando diversos estênceis com camada de cor, pincéis, rolos e espuma – cujos resultados apresentavam uma qualidade semelhante à dos pôsteres que tinha visto. Essa descoberta me levou a fazer e vender edições dos meus trabalhos.

Você pode usar estênceis de papel-cartão de baixa gramatura (230 g/m^2) para impressões simples, mas precisará criar uma forma de registro para isso. O modo mais simples é usar o papel-cartão e um pedaço de papel vegetal cortados do mesmo tamanho. Desde que alinhe o papel vegetal exatamente na borda do papel-cartão ao transferir cada camada de cor para recortar e faça a mesma coisa com o papel ao imprimir, não haverá problema. É a forma mais barata de experimentar essa técnica.

Para tiragens maiores, com resultado mais durável e sofisticado (especialmente se quiser detalhes e mais de uma cor), a solução são as folhas para estêncil em PVC – no Brasil, só há folhas com motivos vazados prontos. Como poderá ver através deles, a impressão será mais precisa.

> PROJETO...

CARTÃO DE ANIVERSÁRIO INFANTIL
impressão texturizada com estêncil sobre papel

A impressão com estêncil é um excelente modo de imprimir em quantidades maiores. Esse projeto me leva de volta à minha primeira mudança de casa. Imprimi cem cartões informando meu novo endereço em um dia! Usei um kit infantil de impressão que tinha cinco camadas de cor e caracteres. Como a separação de cores se mantinha bem simples, isso conferia charme à imagem, o que se perdeu ultimamente com a impressão digital.

A beleza da impressão com estêncil reside nos efeitos conseguidos com os rolos de espuma. Quanto mais densa a espuma, mais sólida a cor, quanto mais aberta a espuma, mais suave a cor. Para pontilhamento e detalhes, pode-se usar esponja de lavar louça.

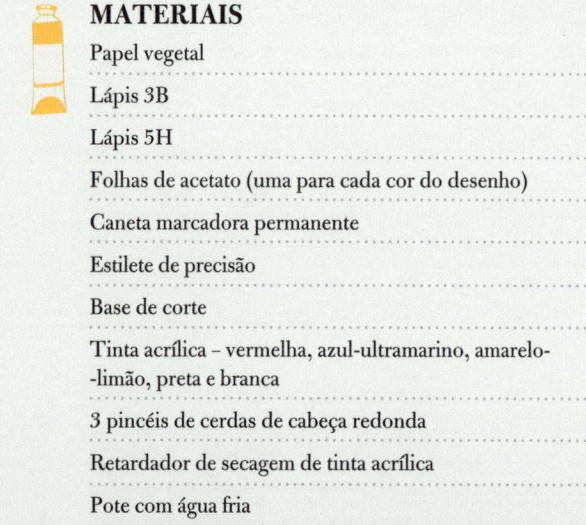

MATERIAIS

Papel vegetal

Lápis 3B

Lápis 5H

Folhas de acetato (uma para cada cor do desenho)

Caneta marcadora permanente

Estilete de precisão

Base de corte

Tinta acrílica – vermelha, azul-ultramarino, amarelo--limão, preta e branca

3 pincéis de cerdas de cabeça redonda

Retardador de secagem de tinta acrílica

Pote com água fria

Prato ou tábua de corte velha, para misturar as tintas

Cartões brancos A6 com 15 cm x 11 cm, dobrados

Papel de rascunho

Rolos de espuma

Pincel para estêncil

GRAU DE DIFICULDADE
Fácil

MOLDES
Elefante, pato, flores e trem (p. 137), ampliados em 141%

COMO FAZER

1. Recorte seus estênceis

Amplie os moldes da p. 137. Usando as folhas de acetato, decalque as camadas de cor de cada um dos moldes separadamente e numere-as. Deixe 1 cm de margem para fora da linha cinza que contorna cada molde. Vire a folha e contorne ao redor dela a margem do molde usando a caneta marcadora; isso será usado como registro para posicionar o estêncil corretamente sobre o cartão. Recorte cuidadosamente cada camada de cor com o estilete sobre

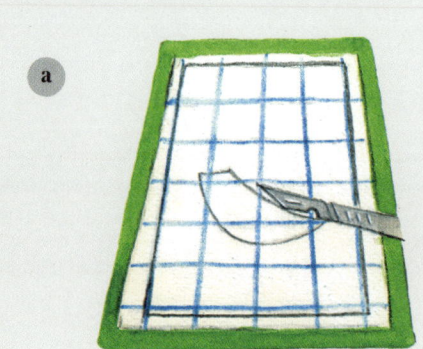

a

a base de corte. **(a)** Para o cartão com flores, será preciso manter os círculos centrais, porque serão usados como máscara no centro da flor no momento da impressão.

2. Misture as cores de tinta

Adicione um pouco do retardador de secagem às cores misturadas para evitar que a tinta resseque, e um pouco de água, se necessário; só misture as cores para um cartão de cada vez.

Usei as seguintes combinações:

Cartão de elefante

Estêncil 1; corpo cinza = preto + branco + um pouco da amarelo-limão e azul-ultramar.
Estêncil 2; detalhes pretos = preto + um toque de branco para atenuar a cor.
Estêncil 3; balão vermelho = vermelho + um pouco de amarelo-limão e uma quantidade bem pequena de branco.

Cartão de pato
Estênceis 1 e 2; corpo amarelo = amarelo-limão + um pouco de vermelho e de branco.
Estêncil 3; bico, asa e pernas laranjas = adicione mais tinta vermelha à mistura anterior.
Estêncil 4; detalhes pretos = preto + um toque de branco para atenuar a cor.
Estêncil 5; balão azul = azul-ultramar + branco + um toque de amarelo.

Cartão de flor
Estêncil 1; verde = amarelo-limão + branco + um pouco de azul-ultramar.
Estêncil 2; vermelho.
Estêncil 3; roxo = azul-ultramar + branco + um pouco de vermelho.
Estêncil 4; amarelo = amarelo-limão + um pouco de branco.

Cartão de trem
Estêncil 1; trem vermelho = vermelho + um pouco de amarelo-limão + um toque mínimo de branco para atenuar a cor.
Estêncil 2; fumaça azul = azul-ultramar + branco + um toque de amarelo-limão.

3. Comece a impressão do primeiro projeto
Abra os cartões dobrados. Imprima no lado direito do cartão aberto. Experimente o rolo de espuma em papel de rascunho. Variando a pressão e as quantidades de tinta é possível criar diferentes efeitos de impressão. Os estênceis são numerados, portanto, podem ser impressos em ordem. É melhor imprimir todos os cartões, uma cor de cada vez, deixando que sequem entre cada cor. Se trabalhar assim, poderá imprimir até cem cartões ou mais em um só dia! Posicione e fixe o primeiro estêncil para o desenho escolhido, alinhando a borda marcada com caneta marcadora com a beirada do cartão. Passe o rolo de espuma na tinta de forma homogênea; em seguida, role-o sobre a área exposta de papel no estêncil. Normalmente faço isso em um só sentido, uma ou duas vezes. **(b)** Levante o estêncil com cuidado (para não rasgá-lo ou cortar o papel) e imprima os cartões restantes. Repita o processo com as camadas de cor de cada estêncil, alinhando a borda de registro com a beirada de cada cartão e o estêncil recortado com a imagem impressa.

4. Finalize a impressão e acrescente os toques finais
Para detalhes, como o olho do pato, pontilhe delicadamente a cor com a ponta do pincel de estêncil. **(c)**

SACOLA FLORIDA
estamparia com estêncil sobre tecido

Essa sacolinha me lembra as toalhas de mesa da minha avó e sua paixão por flores silvestres. Imprimi dois tipos de sacolas – de algodão cru prontas e de linho puro feitas à mão –, pessoalmente, eu queria usar uma de linho puro, que é um material atemporal e funciona maravilhosamente com o desenho.

DICA

Vale a pena estampar uma sacola com todas as suas cores para garantir que tudo está funcionando bem, em lugar de fazer todas as sacolas de uma vez só. Apenas atente para recolocar o papel protetor sobre cada estêncil depois de usá-lo.

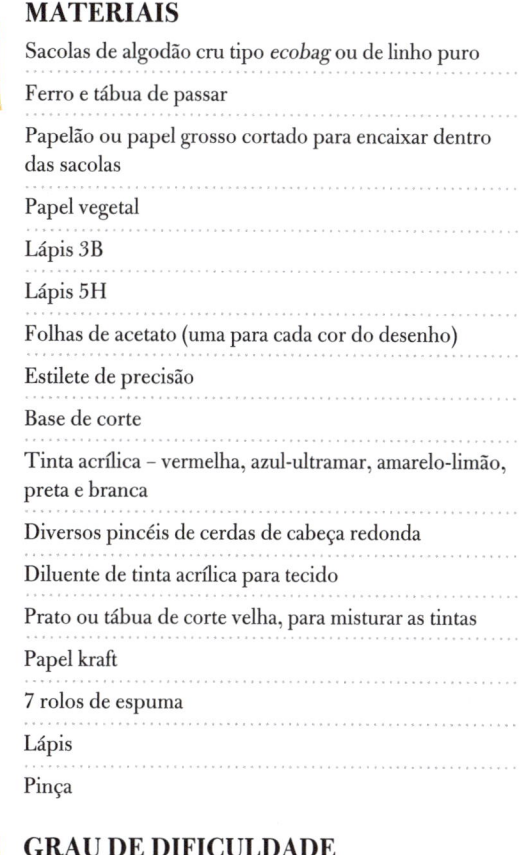

MATERIAIS

Sacolas de algodão cru tipo *ecobag* ou de linho puro

Ferro e tábua de passar

Papelão ou papel grosso cortado para encaixar dentro das sacolas

Papel vegetal

Lápis 3B

Lápis 5H

Folhas de acetato (uma para cada cor do desenho)

Estilete de precisão

Base de corte

Tinta acrílica – vermelha, azul-ultramar, amarelo-limão, preta e branca

Diversos pincéis de cerdas de cabeça redonda

Diluente de tinta acrílica para tecido

Prato ou tábua de corte velha, para misturar as tintas

Papel kraft

7 rolos de espuma

Lápis

Pinça

GRAU DE DIFICULDADE
Médio

MOLDE
Flores (p. 135), ampliadas em 141%

COMO FAZER

1. Prepare as sacolas

Primeiro lave as sacolas para remover qualquer tratamento dado ao tecido (p. 11). Deixe secar e passe com ferro a vapor. Coloque dentro de cada uma delas uma folha de papelão ou papel grosso para evitar o vazamento de tinta para o verso do tecido no momento da impressão.

2. Prepare os estênceis

Amplie o molde da p. 135; decalque cada camada de cor separadamente nas folhas de acetato e numere-as, deixando uma margem de 5 cm em volta de cada borda para evitar que outras áreas fora do desenho sejam pintadas. Recorte cuidadosamente cada camada de cor com o estilete sobre a base de corte, removendo pedaços

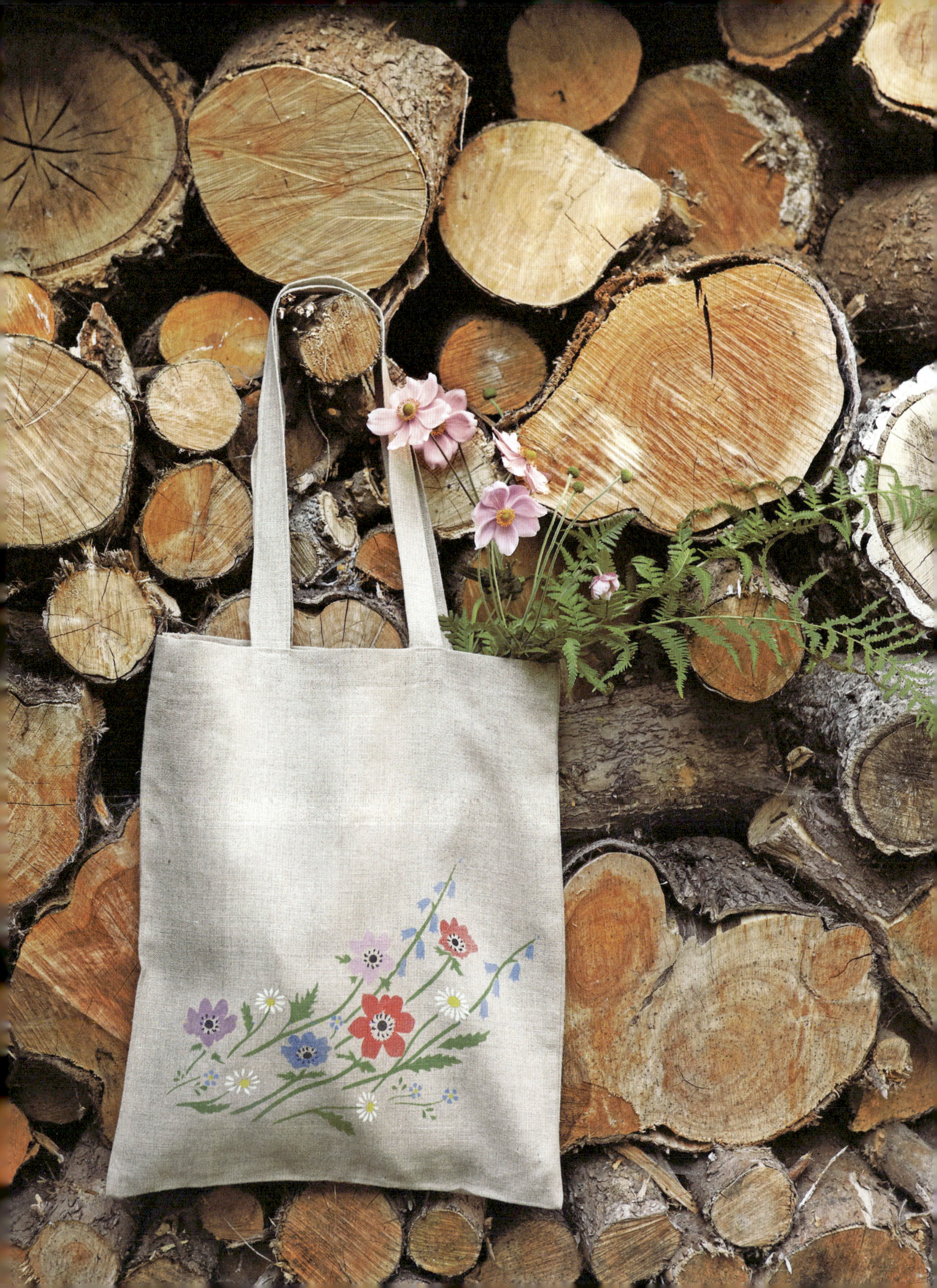

de folha que não for usar. Conserve os pequenos centros de flor recortados para usá-los durante a impressão.

3. Misture as tintas
Usei os seguintes tons:

Verde = amarelo-limão + branco + um pouco de azul--ultramar.
Azul = azul-ultramar + branco + um pouco de vermelho.
Roxo = vermelho + branco + um pouco de azul-ultramar.
Vermelho = vermelho + uma quantidade mínima de amarelo-limão.
Branco = branco + um pouco de amarelo-limão.
Preto = preto + um pouco de vermelho e de azul-ultramar.
Amarelo = amarelo-limão + branco + um pouco de vermelho.

Misture cada cor com quantidade equivalente de diluente de tinta acrílica para tecido. Se quiser verificar os tons, teste em tecido ou papel avulso que tenha a cor das sacolas.

4. Comece a estampar o desenho
Cubra a superfície de trabalho com papel kraft e coloque as sacolas por cima. Posicione o estêncil 1 (com a folhagem verde) 5 cm acima do fundo da sacola, coloque outra folha de papel kraft por cima, depois delicadamente alise o estêncil sobre o tecido. Remova o papel kraft, molhe o rolo de espuma com a tinta verde e passe-o sobre o estêncil. **(a)** Passe primeiro horizontalmente, depois repita com passadas verticais. Aplique um pouco de pressão, se for preciso, para reforçar a tinta. Remova com cuidado o estêncil e repita o processo nas outras sacolas. Deixe a imagem impressa secar.

5. Continue estampando o desenho
Alinhe o estêncil 2 (as flores vermelhas) com a folhagem verde impressa, mascarando os centros das flores com os centros de flores recortados (usei a ponta de um lápis para pressionar os recortes no lugar). Coloque uma folha de papel kraft em cima e alise delicadamente o estêncil sobre o tecido. Com um rolo de espuma limpo, passe a tinta vermelha sobre cada flor, com cuidado para não tirar os centros que servem de máscara. **(b)** Remova delicadamente o estêncil e repita o processo nas outras sacolas. Deixe as imagens impressas secarem.

6. Finalize a estamparia do desenho
Pronta a impressão, remova o estêncil 2 com a pinça ou os dedos. Continue com cada camada de cor por vez, usando um rolo de espuma limpo para cada cor. **(c)** Quando todo o tecido estiver impresso, deixe secar e fixe a cor com ferro em temperatura média (p. 11).

PROJETO...

CÚPULA DE ABAJUR COM ESTAMPA DE JARDIM
impressão com estêncil em tons usando o pincel seco

Esse projeto mostra como tons diferentes podem ser obtidos com a variação da pressão feita com o rolo de espuma e com o pincel seco, técnica para criar leves sombreados e volumes.

O desenho pode ser ampliado ou reduzido para cúpulas de diâmetros diferentes. É preciso medir a largura e a altura de cada forma para ter certeza de que todas elas vão se encaixar em volta da cúpula. Para uma cúpula ligeiramente maior, é possível deixar um espaço extra entre cada elemento e distribuir o desenho.

Se tiver receio de imprimir em uma cúpula de abajur, pode fazê-lo sobre papel para criar uma gravura decorativa, usando folha de acetato em vez de plástico adesivo.

DICA
Antes de começar a estampar, verifique se o estêncil está firmemente pressionado, para que a tinta não vaze por baixo dele, resultando em borrões na borda do desenho impresso. Se isso acontecer, não se desespere – deixe a tinta secar, corte um estêncil a mais de flor ou folhagem e use para encobrir o acidente.

MATERIAIS

Régua de metal

Plástico adesivo (tipo Contact), cerca de 2,5 m

Estilete de precisão

Base de corte

Papel vegetal

Lápis 3B

Lápis 5H

Cúpula creme/branca de tecido liso em forma de tambor, com 25 cm de diâmetro e 18 cm de altura

Fita-crepe para pintura

Tinta acrílica – preta

Pincel de cerdas de cabeça redonda

Diluente de tinta acrílica para tecido

Prato ou tábua de corte velha, para misturar as tintas

Rolo de espuma de 5-7,5 cm de largura

Papel kraft

Pincel de estêncil ou pincel de cerdas duras de 2,5 cm

Secador de cabelo

Papel de rascunho

GRAU DE DIFICULDADE
Difícil

MOLDES
Sabiá, pintarroxo e uirapuru (p. 133), ampliados em 200% para usar sobre uma cúpula de 25 cm de diâmetro. O molde de sabiá é usado uma vez como está e outra, de modo espelhado. O layout do desenho (p. 133) é um guia para posicionar os quatro moldes separados.

THE WORLD OF INTERIORS OCTOBER 2012
THE WORLD OF INTERIORS JULY 2012
THE WORLD OF INTERIORS APRIL 2012
THE WORLD OF INTERIORS MAY 2012
THE WORLD OF INTERIORS OCTOBER 2011
THE WORLD OF INTERIORS FEBRUARY 2012
THE WORLD OF INTERIORS JANUARY 2012
THE WORLD OF INTERIORS DECEMBER 2011
OCTOBER 2011
WWW.CATHKIDSTON.COM
CRAFTS
CRAFTS
THE WORLD OF INTERIORS NOVEMBER 2011
COUNTRY LIVING
WHEN YOUR HEART IS IN THE COUNTRY
APRIL 2011
THE WORLD OF INTERIORS MAY 2011
THE WORLD OF INTERIORS JUNE 2011

COMO FAZER

1. Prepare os estênceis

Amplie os moldes dos pássaros da p. 133, depois use a copiadora para criar uma imagem espelhada do molde do sabiá. Cada molde tem três camadas de cor, cada uma para um tom diferente, por isso é preciso criar três estênceis para cada molde, num total de doze estênceis. Começando com o molde 1, do sabiá, pegue o molde de camada de cor A (vermelho), meça e corte o plástico adesivo 6 mm mais alto do que a cúpula e 5-10 cm mais largo do que o molde, deixando uma margem para evitar a pintura acidental de áreas fora do desenho. Decalque o molde, centralize-o no papel protetor que fica no verso do plástico adesivo a 3 cm do final e transfira o desenho (p. 10). Recorte o estêncil com o estilete sobre a base de corte. Conserve os círculos pequenos e os detalhes recortados para as borboletas e flores. Separadamente, em pedaços menores de plástico adesivo (deixando uma boa margem), decalque, transfira e recorte o estêncil de sabiá B (azul) e o C (preto). Repita o processo para cada camada de cor da imagem espelhada do sabiá (molde 2), do pintarroxo (molde 3) e do uirapuru (molde 4).

2. Prepare a cúpula

Use o layout do desenho (p. 133) como orientação para posicionar os quatro moldes diferentes (use seu olhar artístico para julgar a distribuição). Observe que os desenhos fluem um para o outro, por isso as bordas dos estênceis podem sobrepor-se ligeiramente, desde que as formas recortadas não se sobreponham. Trabalhando a partir da costura lateral da cúpula, use fita-crepe para posicionar cada estêncil A (vermelho) na cúpula, e distribua de tal modo que os quatro desenhos se encaixem em volta com espaços uniformes entre eles. Cada desenho deve ficar na cúpula a aproximadamente 2,5 cm do fundo e com cerca de 1,5 cm entre um e outro. (Esse posicionamento vai garantir a sobreposição de 3 mm do plástico adesivo de cada lado da borda da cúpula para protegê-la da tinta.) Usando mais fita-crepe, marque a posição em que cada estêncil começa e termina dentro da cúpula **(a)**, escrevendo o número do molde sobre a fita-crepe para evitar confusão.

3. Cole o primeiro estêncil

Quando o posicionamento dos estênceis estiver bom, retire todos, exceto o estêncil A do sabiá (molde 1). Começando por uma beirada, despregue 2,5 cm do papel de proteção do verso. **(b)** Posicione o estêncil e alise contra a cúpula com firmeza. Se a imagem estiver torta, levante delicadamente o estêncil e o reposicione, cuidando para que não grude em si mesmo. Já na posição desejada, despregue o papel de proteção restante. Distribua os pequenos círculos e detalhes recortados para as borboletas e flores dentro dos estênceis.

4. Imprima a primeira camada do molde 1

Misture a tinta preta com quantidade semelhante do diluente de tinta acrílica. Molhe o rolo de espuma com a tinta e teste no papel kraft; a tinta deve ficar distribuída por igual. Vire a cúpula de lado; segure a estrutura interna

c

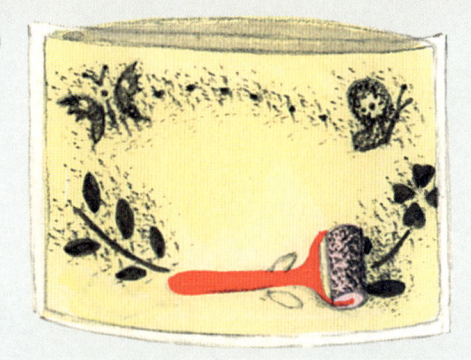

d

com uma das mãos para mantê-la firme e o rolo na outra mão. A folhagem no meu desenho tem um tom mais forte e as asas das borboletas e abelhas um tom mais claro. Para as partes com tom mais forte, aplique uma pequena pressão no rolo, passando-o sobre a área várias vezes. **(c)** Para as partes mais claras, aplique menos pressão no rolo e passe-o apenas uma ou duas vezes. Se quiser as borboletas com asas claras e o corpo escuro, passe levemente o rolo na borboleta e pontilhe as áreas mais escuras com o pincel de estêncil. Ao ficar pronta a impressão do primeiro estêncil A, remova-o cuidadosamente e coloque-o de volta sobre o papel de proteção do plástico adesivo. Deixe a cúpula secar (o secador de cabelo em temperatura média apressa a secagem).

5. Imprima a segunda camada do molde 1

Pegue o estêncil B (azul) do sabiá (molde 1) e, usando o layout do desenho como guia, posicione o estêncil; a noz deve ficar a 6 mm de distância da borda da folhagem. Começando por uma beirada, despregue 2,5 cm do papel de proteção do adesivo. Posicione cuidadosamente o estêncil e alise-o na cúpula. Despregue o restante do papel de proteção e alise o molde no lugar. Mergulhe um pincel de estêncil seco na tinta e pratique umas pinceladas no papel de rascunho, fazendo-as o mais uniforme possível. Depois comece por pontilhar o bico do sabiá; em seguida, trabalhando a partir da cabeça do pássaro, siga o formato dele com pinceladas longas e uniformes, deixando o pássaro mais pálido no meio, depois pincele de volta a partir da cauda. **(d)** Em seguida, passe ligeiramente o rolo de espuma sobre a folha e a noz, aplicando um pouco de pressão na borda em ângulo a partir do fundo da noz para lhe dar dimensão. Remova o estêncil e deixe a cúpula secar.

6. Imprima a terceira camada do molde 1

Pegue o estêncil C (preto) do sabiá (molde 1) e, usando o layout do desenho (p. 133) como guia, posicione cuidadosamente o estêncil sobre o sabiá e a folha de carvalho. Despregue o papel de proteção e alise a superfície. Pontilhe e pincele os detalhes do estêncil com a tinta preta. Remova o estêncil e deixe a cúpula secar.

7. Imprima os desenhos restantes

Usando os marcadores de posição de fita-crepe e o layout do desenho (p. 133) como guia, repita os passos 3-6 para os três moldes restantes (sabiá espelhado, pintarroxo e uirapuru), deixando que cada aplicação de tinta seque antes de passar para a próxima. Lembre-se de pintar a folhagem com tons mais escuros, os insetos com tons mais claros, e use a técnica do pincel seco para fazer os pássaros mais escuros nas bordas e mais pálidos no meio.

ARTESANATO EM TIGELAS
impressão com estêncil sobre porcelana

Essa é uma forma de criar projetos simples, elegantes e exclusivos sobre porcelana. As pinturas sobre esse material são duráveis, mas aplique os desenhos em áreas que não entrarão em contato com os talheres – como a parte externa de tigelas e bordas de pratos.

A técnica requer um pouco de prática, mas é possível lavar o desenho se ele estiver imperfeito, mal espaçado, com borrões ou erros, pois a tinta é removível antes de ir para o forno. (Tenha à mão papel-toalha umedecido e limpe as marcas que possam ter ficado durante o processo de impressão antes de levar a porcelana ao forno.)

É importante alisar bem o estêncil quando estiver estampando – e até mesmo cortar mais alguns estênceis para usar se for decorar muitos objetos de porcelana, porque os estênceis podem perder a aderência.

MATERIAIS
Papel vegetal
Lápis 3B
Lápis 5H
5 cm x 7,5 cm de plástico adesivo (tipo Contact)
Estilete de precisão
Base de corte
Tigelas médias de porcelana resistentes ao calor
Fita-crepe para pintura
Lápis aquarelável
Esponja pequena de maquiagem
Tinta Pebeo Porcelaine 150 – vermelho-escarlate (06) e negro-abyss (41)
Papel-toalha umedecido
Palito de dentes ou espetinho de madeira

GRAU DE DIFICULDADE
Fácil

MOLDES
Coração, cavalo (parte interna da capa)

COMO FAZER

1. Prepare os estênceis e a porcelana
Contorne e transfira o molde escolhido (p. 10) sobre o verso do plástico adesivo tipo Contact; recorte com o estilete sobre a base de corte. Remova qualquer etiqueta da porcelana, lave-a e seque-a.

2. Prepare as posições de cada estêncil
Meça a circunferência de cada tigela colocando fita-crepe em volta da beirada externa, retire-a e fixe-a sobre uma superfície plástica.
Use a forma que recortou do estêncil para trabalhar um desenho, de modo que fique mais ou menos 1 cm entre cada forma, e marque suas posições sobre a fita-crepe. **(a)**

3. Marque as posições do estêncil na tigela e comece a imprimir
Reposicione a fita-crepe exatamente abaixo da beirada externa da tigela e use o lápis aquarelável para marcar

as posições do estêncil na lateral da tigela, arrumando-o toda vez, de modo que a extremidade superior fique 6 mm abaixo da beirada da tigela. Aplique a tinta vermelha ou preta com a esponja de maquiagem, dando leve batidinhas sobre o estêncil até preencher bem a área e atingir a tonalidade desejada. **(b)** Cuidado para nao pintar nas extremidades. Se houver algum acidente ou impressão com falhas, limpe com o papel-toalha umedecido.

4. Finalize a impressão e acrescente detalhes

Remova cuidadosamente o estêncil e o reposicione repetidamente em volta da lateral da tigela, com cuidado para não borrar a forma impressa. Se estiver imprimindo o cavalo, assim que todas as formas estiverem impressas, raspe o detalhe do olho com a ponta do palito ou do espetinho. **(c)** Se estiver difícil raspar a tinta, umedeça a ponta do palito. Deixe secar por 24 horas e, seguindo as instruções da tinta Porcelaine, coloque as tigelas no forno por 35 minutos a 150° C.

IMPRESSÃO COM ESTÊNCIL

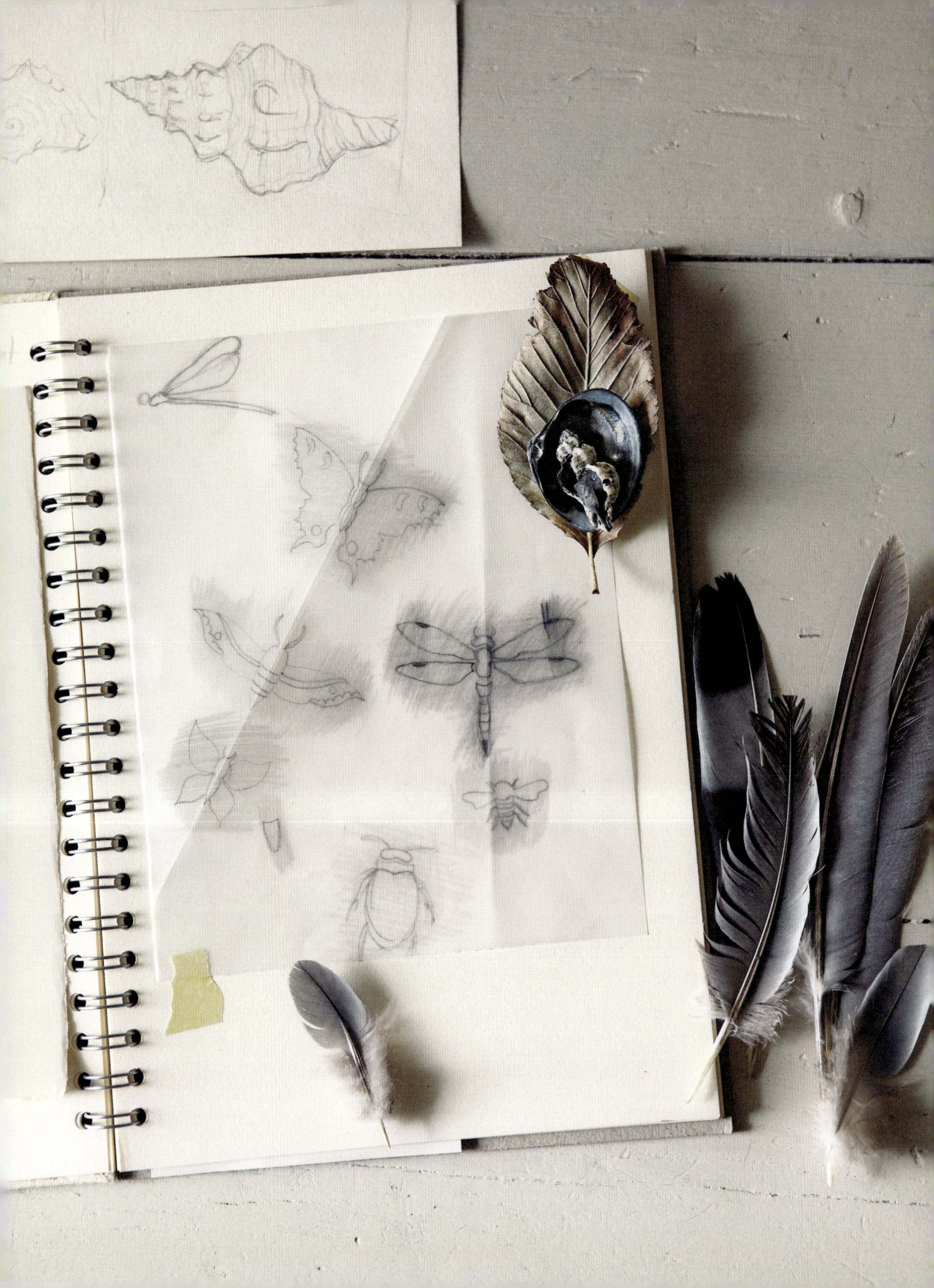

ESTAMPARIA EM RELEVO

Todos os projetos deste capítulo são criados com estamparia em relevo, uma técnica de impressão gratificante e instantânea. Eles envolvem recorte, entalhe, gravação, ou usam coisas no estado natural. Inúmeras técnicas podem ser combinadas para criar impressões realmente deslumbrantes.

É aqui que a impressão em tecido revela todo seu potencial. Ainda me entusiasmo com as possibilidades intermináveis de combinações de desenhos e diferentes efeitos impressos que se pode obter em tecidos. Sem dúvida, é muito mais interessante ter estampas com seus próprios desenhos do que comprá-las prontas!

TÉCNICA

ESTAMPARIA COM CARIMBO

Esse é um modo eficiente de estampar tecidos, papéis e cartões. É barato e fácil de fazer, e os desenhos podem ir dos mais simples aos complicados. A impressão com carimbos é tradicionalmente feita com blocos de madeira entalhados, mas uma alternativa fácil e eficaz é usar placas de EVA, que podem ser compradas em papelarias e lojas para artesanato. Você terá horas de diversão garantidas, especialmente imprimindo uma variedade de combinações de desenhos.

MATERIAIS

Papel vegetal

Lápis 3B

Lápis 5H

2 ou 3 placas (60 cm x 40 cm) de EVA grosso (4 mm ou 5 mm)

Cola de isopor ou cola branca

Estilete de precisão

Base de corte

Papelão encorpado, com cerca de 2 mm de espessura (o que vem na base de blocos de desenho é bom para isso)

Agulha de tapeçaria ou espetinho de madeira

Tesoura

Lixa, para aplainar as extremidades ásperas dos blocos de madeira

Pincel

Blocos pequenos de madeira – tábuas de 5 cm x 10 cm

COMO FAZER

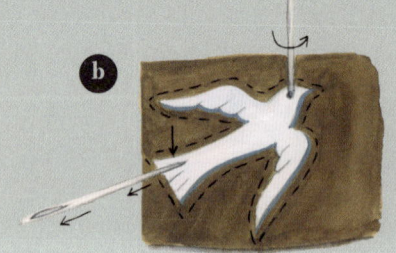

1. Como decalcar e transferir o desenho
Escolha um molde da parte interna da capa ou da contracapa do livro, decalque e transfira o desenho para a placa de EVA (p. 10).

2. Como recortar o EVA
Recorte seu desenho na placa de EVA com o estilete sobre a base de corte. **(a)** Use cola para grudar o motivo sobre um pedaço de papelão reforçado.

3. Como acrescentar detalhes aos motivos
Para criar pontos como olhos, faça um furo com a ponta da agulha de tapeçaria ou do espetinho, girando-o. Para linhas pontilhadas e detalhes, passe a agulha pelo EVA com um pouco de pressão. **(b)**

4. Como fazer a montagem
Desenhe em torno do motivo sobre o papelão atrás do EVA, deixando uma margem de mais ou menos 3 mm de largura. (Essa montagem evitará que o carimbo imprima acidentalmente.) Recorte cuidadosamente. (Se achar o papelão muito duro, use a tesoura para cortar a maior parte e apare o excesso com o estilete.)

5. Como fazer o carimbo
Lixe as extremidades ásperas dos blocos de madeira. Com cola, grude o motivo centralizado sobre um bloco de 5 cm x 10 cm. **(c)** Deixe secar por algumas horas e ele estará pronto para imprimir!

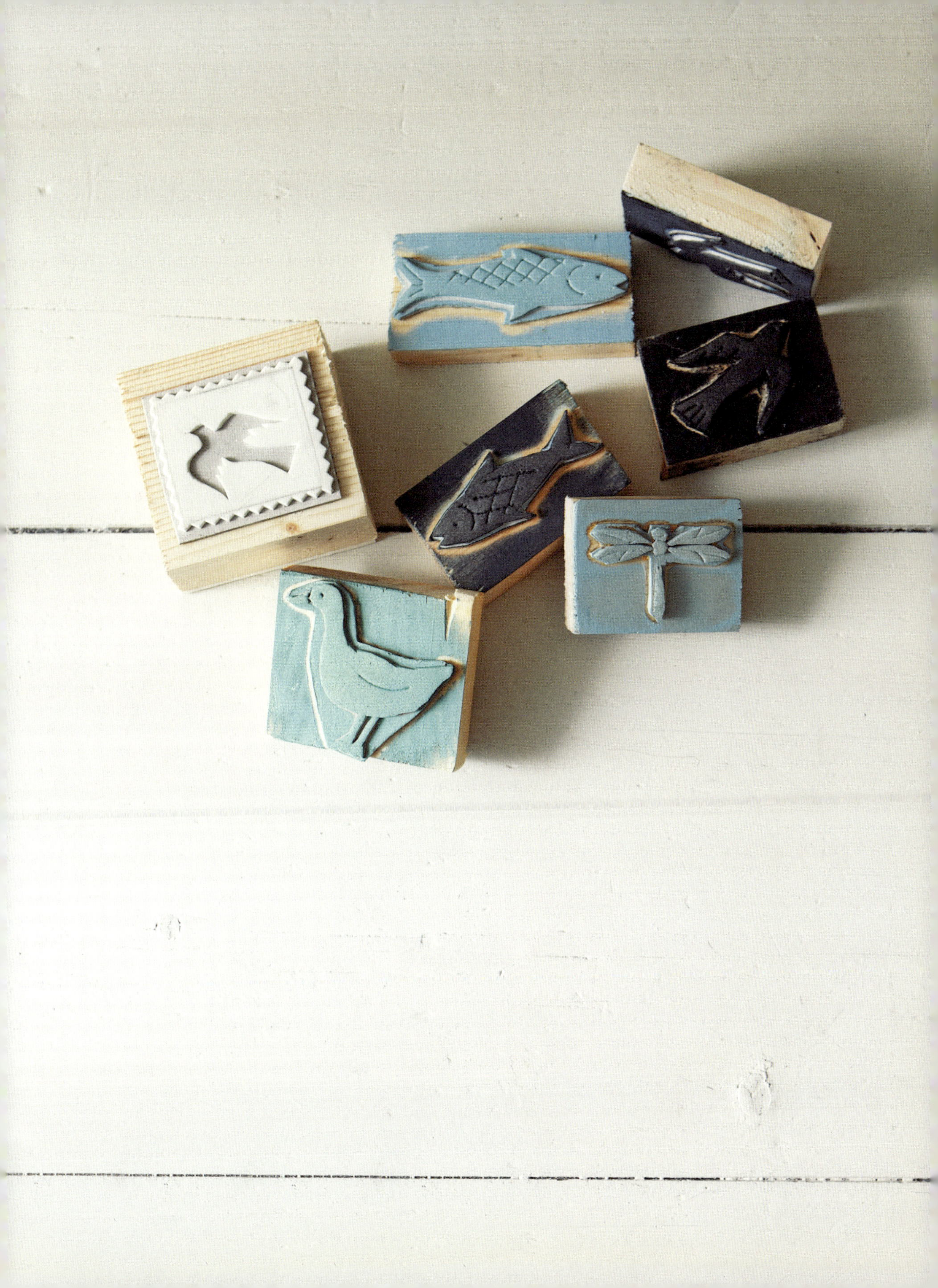

> PROJETO...

PAPÉIS DE EMBRULHO E ETIQUETAS
impressão com carimbos sobre papel

Papéis de embrulho e etiquetas podem ser caros, assim como carimbos de borracha. Uma forma barata e fácil de imprimir é com os carimbos de EVA feitos em casa. A vantagem é que você pode guardá-los em uma caixa de sapato e sempre acrescentar novos desenhos à coleção.

DICA
Para trocar a cor de um carimbo, passe um pano úmido no EVA algumas vezes e imprima em papéis de rascunho até deixá-lo limpo.

MATERIAIS
Kit para carimbo (p. 58)

Papel kraft

Tinta acrílica ou tinta para carimbo – vermelha, azul-cobalto, amarelo-limão, preta e branca

3 pincéis de cerdas com cabeça redonda

Retardador de secagem de tinta acrílica (desnecessário se utilizar tinta para carimbo em vez de acrílica)

Prato ou tábua de corte velha, para misturar as tintas

Rolo de espuma

Para o papel de embrulho
Folhas A2 de cartolina, papel para forração

Para as etiquetas
Papel-cartão de 230 g/m² ou superior

Tesoura

Perfurador de papel

Fita colorida

GRAU DE DIFICULDADE
Médio

MOLDES
Barco, peixe, pato, concha 1, concha 2, concha 3 (parte interna da contracapa)

COMO FAZER

1. Decalque os desenhos e faça os carimbos
Decalque os desenhos dos moldes que escolher (p. 10) e siga as instruções da p. 58 para fazer um carimbo.

2. Prepare-se para imprimir
Coloque algumas folhas de papel kraft sobre a superfície de trabalho. Ponha por cima o papel que quer imprimir. Misture a tinta preta com um pouco de retardador de secagem para evitar que ela resseque. Crie um vermelho-cádmio usando tinta vermelha, um pouco de amarelo-limão e um pouco de retardador

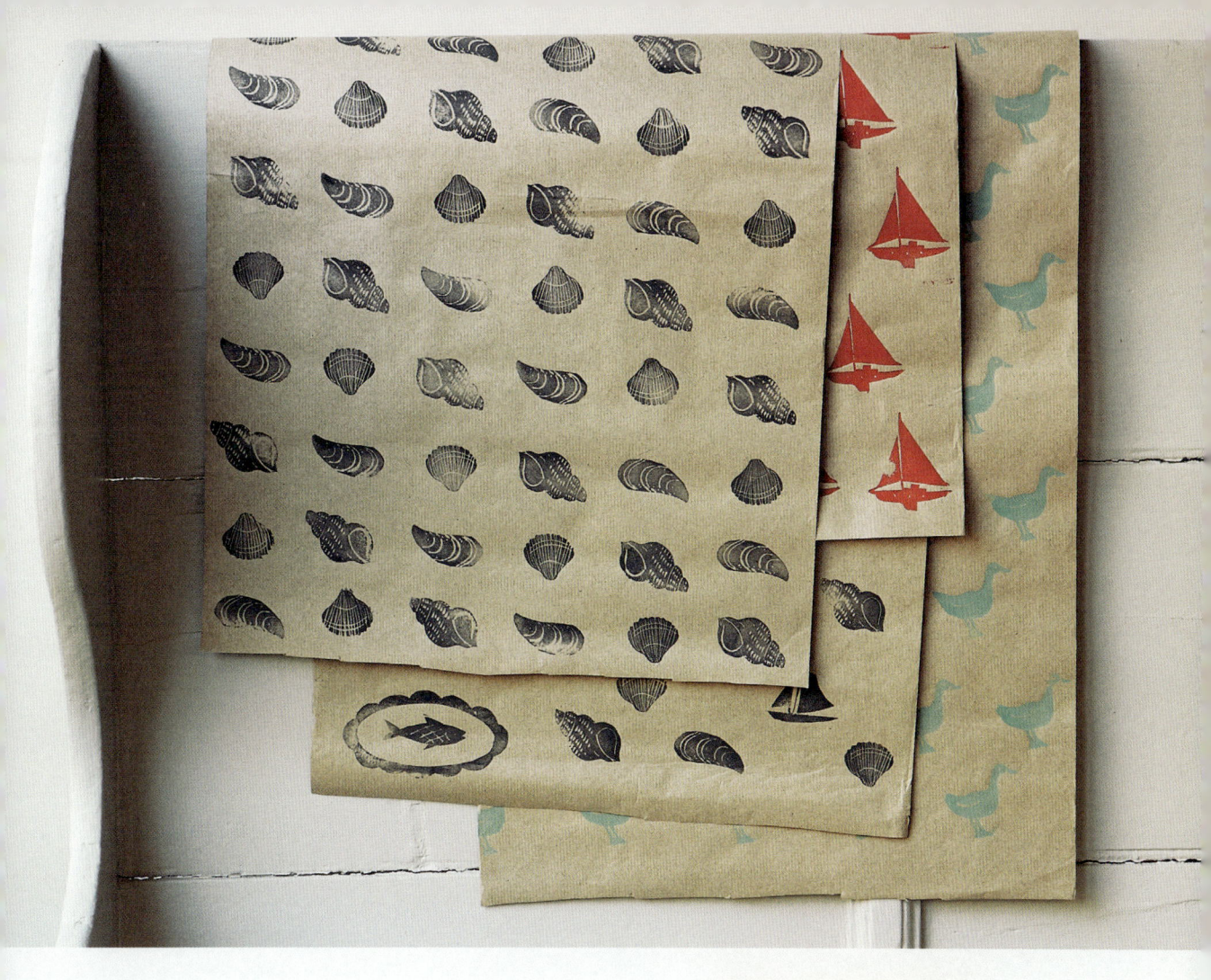

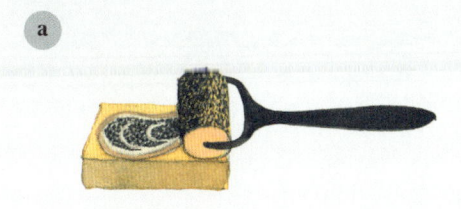

de secagem. Faça o azul-claro misturando as tintas azul-
-cobalto, branca, um pouco da amarelo-limão e um
pouco de retardador de secagem. Passe o rolo na tinta
– que deve ter consistência rala, não pegajosa –
cobrindo-o homogeneamente e deslize-o sobre
a superfície de EVA de um dos carimbos. **(a)**

3. Imprima o papel
Com as duas mãos no carimbo (uma para pressionar,
outra para posicionar), coloque-o sobre o papel e imprima.
(b) Pode brincar com padrões e combinações de cores,
pintando em fileiras, ou alternando diferentes carimbos
e cores. Não se preocupe se as imagens nem sempre
saírem bem definidas: o efeito geral pode ficar muito
bom assim mesmo! Deixe os papéis impressos secarem
e guarde-os em uma caixa debaixo da cama ou dobrados
frouxamente em uma gaveta grande.

4. Imprima as etiquetas
Imprima uma folha inteira de papel-cartão e recorte as
etiquetas impressas. Faça um furo em cada uma e passe
uma fita por ele.

ALMOFADA COM PÁSSAROS
estamparia com carimbo sobre tecido

Uma das minhas visões prediletas é a silhueta de um pássaro no céu, e este carimbo de desenho simples captura essa imagem. Gosto do pássaro preto contrastando com o linho cru ou azul-claro; pode-se incluir algumas filigranas para deixar o desenho mais interessante.

DICA

Pratique a estamparia dos desenhos sobre o papel antes de passar para o tecido, para poder calcular o espaçamento entre cada carimbo, explorar as possibilidades de padronização e garantir que tudo dê certo.

MATERIAIS

Kit para carimbo (p. 58)

Um pedaço de algodão ou linho (cru ou colorido), com trama fina a média. Para fazer uma almofada de 45 cm x 45 cm, 1 m de linho é suficiente. Ou, em vez de costurar a capa à máquina, compre capas de algodão ou linho prontas.

Papelão ou papel grosso cortado para encaixar dentro das capas de almofada (se estiver usando capas prontas)

Papel kraft

Fita-crepe para pintura

Régua de metal

Tinta preta para tecido

Pincel de cerdas com cabeça redonda

Diluente de tinta acrílica para tecido

Prato ou tábua de corte velha, para misturar as tintas

Rolo de espuma

Ferro e tábua de passar

Máquina e linha de costura

Botões de madrepérola, agulha e linha

GRAU DE DIFICULDADE

Médio

MOLDE

Pássaro voando (p. 132). Copie o molde com ou sem os detalhes de filigrana, de acordo com a sua preferência.

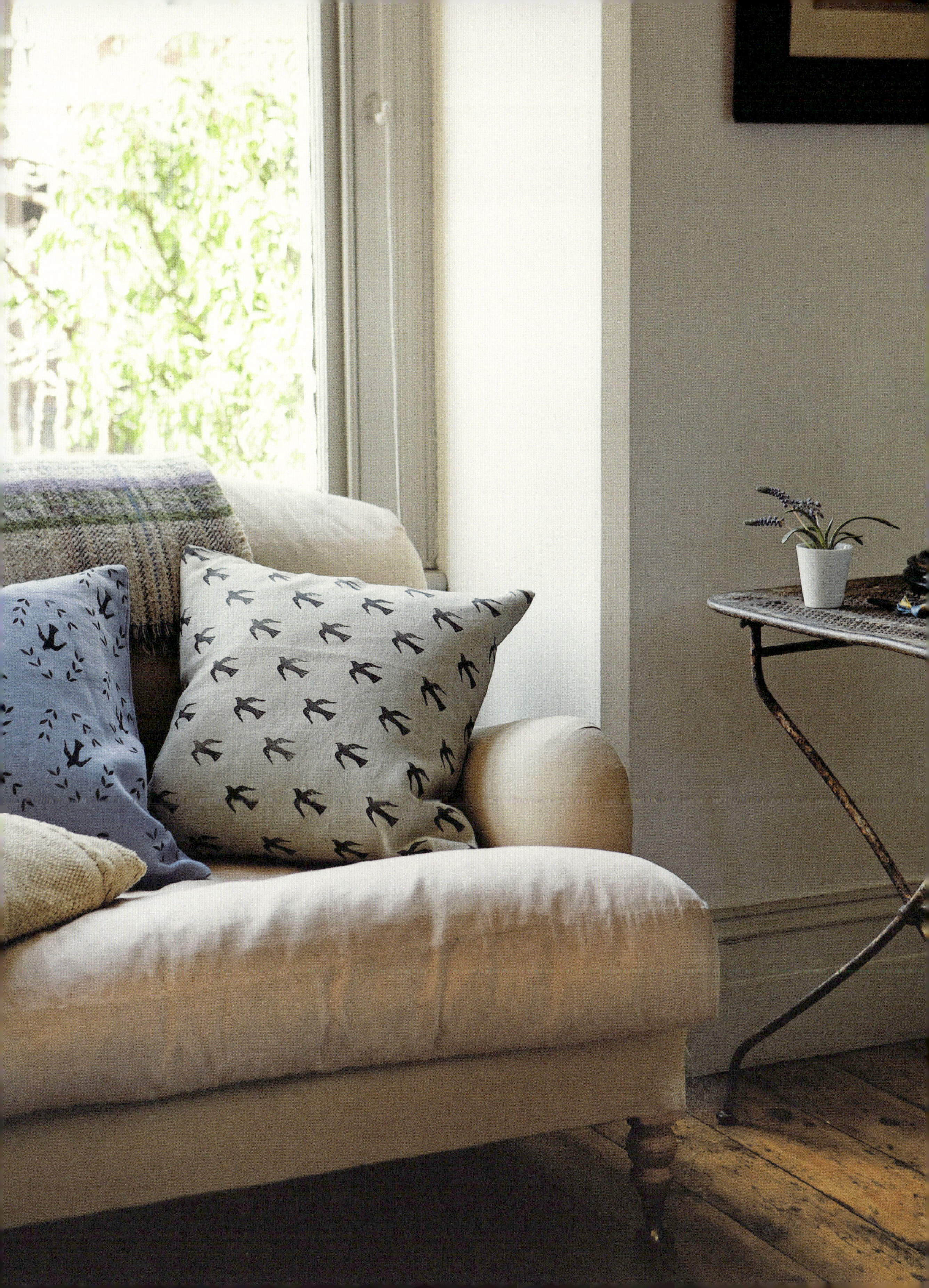

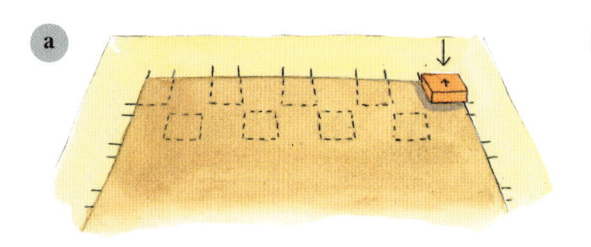

COMO FAZER

1. Decalque o desenho e faça o carimbo
Decalque o desenho do molde (p. 132) – com ou sem a filigrana – e siga as instruções da p. 58 para fazer o carimbo.

2. Prepare o tecido
Lave o pedaço de algodão ou linho ou as capas prontas de almofadas para remover qualquer tratamento dado ao tecido (p. 11). Deixe secar e passe com ferro a vapor. Se estiver usando capas prontas, coloque dentro uma folha de papelão ou papel grosso para evitar dobras que possam estragar a impressão.

3. Prepare-se para estampar
Trabalhe em um lugar amplo e desobstruído. Cubra a mesa com papel kraft preso com fita adesiva. Marque a largura do tecido ou capas de almofada sobre o papel, depois marque onde quer imprimir com o carimbo. Descobri que a melhor forma de fazer isso é marcar o carimbo nas duas pontas do tecido e no meio, calculando então quantos motivos podem ser impressos uniformemente nos intervalos. A segunda fileira deve ficar 1 cm abaixo da primeira - marque essa distância no papel, usando seu risco como guia básico. Desenhe uma flecha na parte de trás do carimbos para garantir seu uso no sentido certo. **(a)**

4. Comece a estampar
Esprema a tinta preta sobre o prato ou tábua e acrescente uma quantidade semelhante de diluente. Passe o rolo de espuma na tinta, revestindo-o uniformemente e eliminando o excesso de forma homogênea. Passe o rolo com a tinta sobre a superfície de EVA do carimbo. **(b)** Com o carimbo na posição certa, imprima a primeira fileira de motivos, pressionando-o com firmeza sobre o tecido e reaplicando tinta nele a cada nova impressão. Não se preocupe se a impressão não for sempre uniforme; este efeito valoriza a qualidade de um produto feito à mão.

5. Finalize a estamparia
Para imprimir a próxima fileira de motivos, posicione o carimbo 1 cm abaixo da parte inferior da primeira fileira, entre dois pássaros, para criar a repetição modular. Se o tecido for mais comprido do que a mesa, à medida que imprimir, mova-o para fora da beirada da mesa oposta a você. Para que não caia sobre si mesmo, estenda-o sobre uma ou duas cadeiras. Se estiver imprimindo em capas prontas, deixe o lado impresso secar antes de virá-las para repetir o processo do outro lado. Quando o material estiver estampado, deixe-o secar e fixe a tinta com ferro em temperatura média (p. 11). Pressione os carimbos sobre um papel para eliminar o excesso de tinta e deixe--os secar antes de guardá-los.

6. Costure a almofada
Se você estampou o tecido em peça, costure-o à máquina para fazer uma capa de almofada tipo envelope e use os botões de madrepérola para fechar.

> PROJETO...

JOGO DE MESA COM PAISAGEM CAMPESTRE
estamparia com carimbos em duas cores

Esse projeto mostra como fazer carimbos maiores e estampar desenhos com duas cores.

O desenho que usei é inspirado em paisagem campestre com animais e funciona muito bem em linho cru. Fiz os guardanapos dobrando e cortando o linho pré-lavado (p. 11) em quadrados de 40 cm de lado, e o jogo americano, em retângulos de 48 cm x 63 cm. Dobrei e passei as beiradas superior e inferior duas vezes para fazer uma barra de 1 cm, prendendo os cantos de cima e de baixo com alfinetes. Fiz as barras e retirei os alfinetes enquanto costurava, depois costurei as duas barras laterais.

DICA

Para distinguir os guardanapos das toalhas do jogo americano, e para tornar o conjunto ainda mais interessante, usei desenhos diferentes para cada um. Para os guardanapos, estampei os quatro cantos com folhas e nozes de carvalho. Para o jogo americano, estampei os quatro cantos da mesma forma e os quatro lados com a paisagem campestre.

MATERIAIS

Kit para carimbo (p. 58), mas com peças maiores de madeira:

- 2 blocos de madeira de 5 cm x 18 cm para os moldes 1 e 2
- 1 bloco de madeira de 5 cm x 10 cm para o molde 3
- 1 bloco de madeira 5 cm x 5 cm para o molde 4

Jogo americano e guardanapos de linho preparados (p. 11)

Ferro e tábua de passar

Papel kraft

Tinta acrílica – azul-cobalto, amarelo-limão, preta e branca

2 pincéis de cerdas com cabeça redonda

Diluente de tinta acrílica para tecido

Prato ou tábua de corte velha, para misturar as tintas

Retalho de tecido

Caneta marcadora em diversas cores

Rolo de espuma

GRAU DE DIFICULDADE

Médio

MOLDES

Casa de campo, folhas esparsas, folhas de canto, noz (parte interna da capa)

COMO FAZER

a

1. Decalque os desenhos e comece a fazer os carimbos

Decalque os desenhos dos moldes e siga as instruções da p. 58 para fazer o carimbo, mas transfira os cenários para o papelão e para a placa de EVA; isso servirá como guia para posicionar as peças de EVA sobre o papelão para montar os desenhos. Em seguida, transfira a borda pontilhada de cada molde centralizando-a no bloco de madeira correspondente, alinhando as bordas do molde com a beirada de madeira; isso servirá de guia para posicionar o papelão. Use um lápis mais grosso para passar por cima das linhas pontilhadas no papel vegetal, para transferi-las para a superfície de madeira. Recorte todos os elementos da placa de EVA e prenda as peças no lugar, sobre o papelão. **(a)**

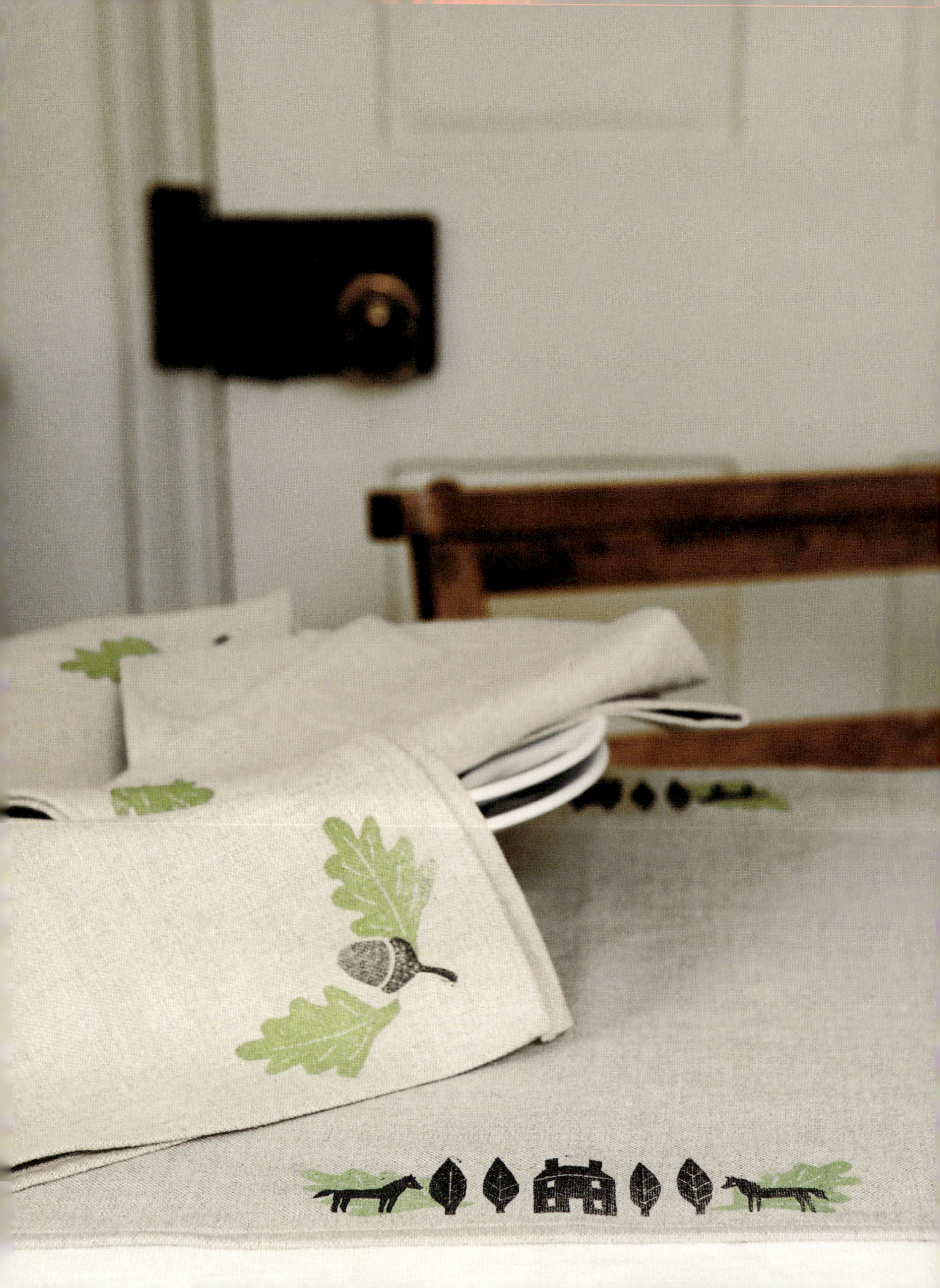

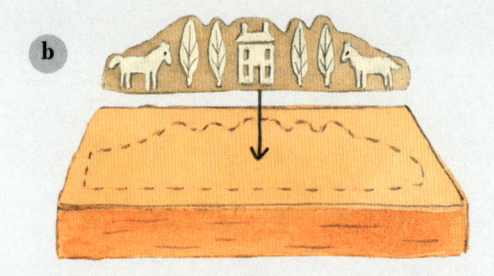

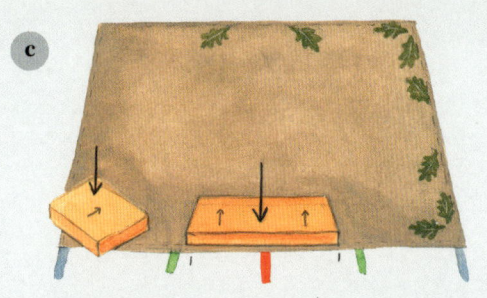

2. Acrescente detalhes aos motivos

Para criar os detalhes dos olhos, faça um furo com a ponta de uma agulha de tapeçaria e gire. Para linhas pontilhadas e detalhes, arraste a agulha de tapeçaria pela placa de EVA com um pouco de pressão. Arraste-a em volta dos desenhos sobre o papelão, deixando uma borda de 3 mm. Para fazer a casa de campo, recorte o desenho inteiro no papelão e grude sobre a peça correspondente de madeira com cola branca, alinhando o desenho com a borda pontilhada do molde no bloco de madeira. **(b)** Para folhas esparsas, folhas de canto e noz, recorte os motivos individualmente do papelão e grude-os nas peças de madeira correspondentes com cola branca. Deixe os carimbos secarem.

3. Prepare-se para estampar

Passe a ferro os guardanapos e o jogo americano já preparados. Coloque papel kraft sobre uma superfície de trabalho lisa. Misture a tinta preta com uma quantidade semelhante de diluente. Crie um tom verde juntando a tinta azul-cobalto, a amarelo-limão e um pouco da branca. Misture tudo com uma quantidade semelhante de diluente. Faça testes de impressão com os carimbos em um retalho de tecido para verificar se estão imprimindo corretamente. Só o EVA deve imprimir – se o papelão estiver imprimindo também, apare-o cuidadosamente com o estilete.

4. Estampe as folhas esparsas

Coloque uma toalha do jogo americano sobre a superfície forrada e marque no papel kraft a largura, a altura e a linha central da toalha em cores diferentes com a caneta marcadora ao longo da linha de base. Alinhe o carimbo das folhas esparsas de modo que a imagem fique impressa, centralizada, 2 cm para dentro a partir de uma beirada da toalha. **(c)** Com um lápis, marque as beiradas do carimbo sobre o papel kraft como guia para o registro do segundo carimbo. Passe o rolo de espuma na tinta verde: o rolo não deve ficar sobrecarregado de tinta para não preencher os detalhes. Passe-o sobre o desenho e imprima o carimbo, evitando imprimir sobre a barra feita na beirada. Aplique pressão com a palma da mão, sem girar o carimbo. Gire a toalha e imprima os outros três lados do mesmo modo, passe o rolo com tinta no carimbo antes de cada impressão. Repita nas outras toalhas e deixe secar.

5. Estampe as folhas de canto

Pegue o carimbo das folhas de canto e posicione-o em um dos cantos da toalha, as bordas das folhas ficando cerca de 2 cm para dentro a partir da beirada da toalha. Marque as bordas do carimbo com lápis e o canto da toalha com caneta marcadora colorida sobre o papel kraft como guia para a impressão restante – o que também deverá ser feito para os guardanapos. Passe o rolo com tinta verde sobre o desenho e imprima os quatro cantos de todas as toalhas e guardanapos, passando o rolo com tinta no carimbo antes de cada impressão. Deixe as folhas impressas secarem.

6. Estampe o cenário da casa

Coloque o carimbo da casa de campo dentro das guias desenhadas, para imprimir no mesmo lugar do carimbo das folhas esparsas. Passe o rolo na tinta preta e imprima o desenho, aplicando pressão homogênea sobre o carimbo. Repita em todos os lados de todas as toalhas e deixe secar.

7. Estampe a noz

Alinhe o carimbo da noz para que imprima entre as folhas de canto, passe o rolo com tinta preta sobre o desenho e imprima. Repita em todos os cantos de cada guardanapo e toalha. Deixe-os secar e fixe as imagens impressas com ferro em temperatura média (p. 11).

TÉCNICA

GOIVA PARA XILOGRAVURA

Essa ferramenta é conhecida por causar acidentes com cortes, especialmente quando se trabalha com linóleo e madeiras duros. Se for cuidadoso e lidar com calma, não vai ter problema para usá-la, porque as superfícies para os projetos deste livro são relativamente moles. De qualquer modo, mantenha os dedos fora do alcance da lâmina quando estiver cortando.

MATERIAIS

Conjunto de ferramentas para xilogravura, que inclui:
– removedor de lâmina
– 4 goivas com cabo de madeira e lâminas de tamanhos variados: V, U 2 mm (pequena), U 3 mm (média), U 4 mm (grande)

DICA

Sempre faça o corte afastado de você – nunca na direção do corpo ou das mãos – e sempre mantenha a mão "que segura" posicionada atrás da mão "que corta", girando o material à medida que trabalha. Conserve o rosto a uma boa distância do trabalho enquanto estiver cortando.

Goiva em "U"

Goiva em "V"

A goiva em "U" vai proporcionar um corte mais largo, enquanto a em "V" resulta em um corte mais fino.

COMO FAZER

1. Como usar uma goiva para xilogravura

Segure a goiva com uma mão e posicione a outra atrás dela. Transpasse em ângulo a superfície do material que for cortar **(a)**, diminuindo o ângulo entre a goiva e o material enquanto estiver cortando **(b)** e saia com um movimento para cima **(c)**. Desse modo, o corte será largo na entrada e mais estreito na saída, especialmente se os ângulos forem exagerados.

2. Varie o ângulo do corte para variar o efeito

Quanto mais ereta estiver a goiva, mais profundo o corte. Quanto mais raso o ângulo entre a goiva e o material, mais fino o corte. Se sair abruptamente, vai obter um final mais quadrado.

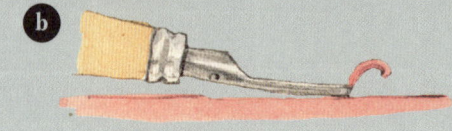

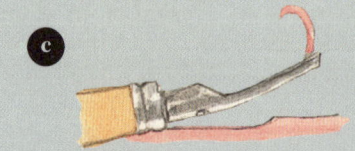

FORRO DE GAVETA COM BORBOLETAS E LIBÉLULAS
impressão com batata sobre papel

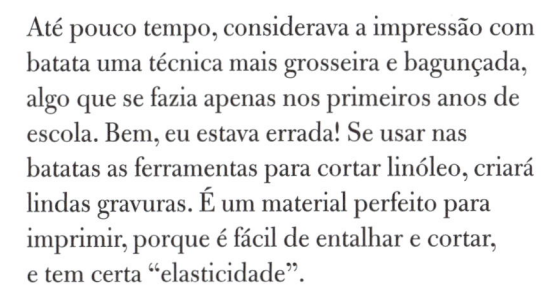

Até pouco tempo, considerava a impressão com batata uma técnica mais grosseira e bagunçada, algo que se fazia apenas nos primeiros anos de escola. Bem, eu estava errada! Se usar nas batatas as ferramentas para cortar linóleo, criará lindas gravuras. É um material perfeito para imprimir, porque é fácil de entalhar e cortar, e tem certa "elasticidade".

Adoro a tinta ouro usada sobre tons pastel nesse projeto. Embora tenha um desenho menos delicado, o papel de borboleta azul me recorda os papéis dourados que cobrem as paredes do Palácio de Pushkin, na Rússia.

MATERIAIS
- Batatas grandes
- Faca de lâmina lisa
- Tábua de corte
- Papel-toalha
- Lápis 3B
- Papel sulfite
- Tesoura
- Lápis aquarelável de cor escura
- Estilete de precisão
- Goiva para xilogravura com ponta pequena em "V"
- Agulha de tapeçaria ou espetinho de madeira
- Jornal ou toalha plástica de mesa
- Tinta acrílica – ouro
- Pincel de cerdas com cabeça redonda
- Prato ou tábua de corte velha, para misturar a tinta
- Rolo de espuma
- Cartolina A2 – azul-clara, verde e rosa-escuro ficam particularmente bem com a tinta ouro

GRAU DE DIFICULDADE
Fácil

MOLDES
Borboletas e libélula (parte interna da capa)

DICA
Depois de fazer muitas impressões com batata, as goivas podem começar a enferrujar. Por isso, limpe-as cuidadosamente e deixe-as secar em ambiente aquecido depois de usá-las.

ESTAMPARIA EM RELEVO

COMO FAZER

1. Prepare as batatas
Corte as batatas ao meio com a faca na tábua de corte. **(a)** Ponha as metades sobre papel-toalha para absorver a umidade.

2. Prepare os moldes
Risque o contorno das metades de batata sobre o papel sulfite **(b)**; o papel ficará úmido, por isso, deixe-o secar antes de continuar. Recorte as formas do papel com a tesoura e coloque-as centralizadas sobre os moldes de borboleta 1, borboleta 2 e libélula. Decalque os moldes com lápis aquarelável, fazendo um traço firme e contínuo.

3. Transfira o desenho
Alinhe cada batata com seu molde de papel, pressione a batata sobre o lado o direito do desenho. A batata ainda deve ter um pouco de umidade (caso contrário, umedeça-a com papel-toalha molhado), o que fará o molde de papel grudar na batata. Levante a batata: o papel deve estar grudado na superfície cortada. Alise o verso do molde com os dedos para transferir o lápis aquarelável para a batata. Remova o papel e tente não borrar o desenho. **(c)**

4. Corte em volta do decalque do desenho
Com o estilete, delicada e vagarosamente, corte em volta do decalque do desenho de borboleta ou de libélula, girando a batata à medida que corta. Tente cortar de 3-6 mm de espessura da batata. Quando tiver recortado o decalque inteiro, vire a batata de lado. A 3-6 mm da borda, entalhe delicadamente a partir do lado em direção às bordas cortadas da borboleta e tire os pedacinhos de batata que não fazem parte do desenho. **(d)** Cuidado ao fazer isso para que parte do desenho não vá junto por engano.

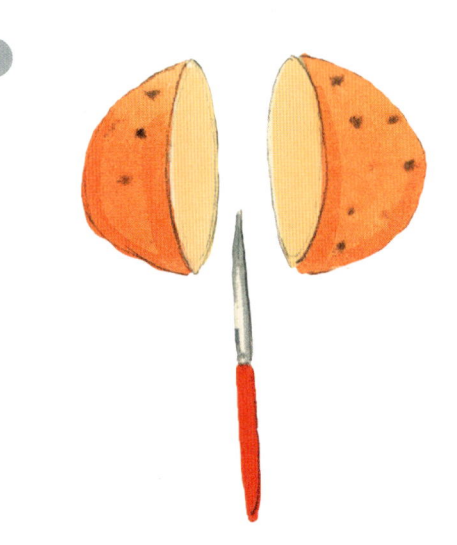

5. Crie os detalhes

Depois de cortar em torno da borboleta, arrume o desenho com a faca. Com a goiva em "V" (p. 68), entalhe os detalhes da borboleta ou da libélula, cavando um pouco mais fundo para diferenciar as asas do corpo. **(e)** Para criar os olhos, faça um furo com a ponta da agulha de tapeçaria e gire-a. Quando os desenhos da batata estiverem cortados, coloque-os virados para baixo sobre papel-toalha e deixe-os secar, idealmente por 24 horas.

6. Crie um cabo

Corte uma cunha dos dois lados da parte arredondada da batata (formando um cabo no meio) para ficar mais fácil segurá-la e fazer a impressão. **(f)** Cuidado para não cortar nenhuma parte do desenho!

7. Prepare a área de impressão

Trabalhe sobre uma superfície nivelada e limpa – a mesa da cozinha forrada com jornal ou com toalha plástica funciona bem. Esprema um pouco da tinta ouro sobre o prato ou a tábua; não deixe muito grossa para que não preencha os detalhes do desenho. Passe o rolo de espuma na tinta, revestindo-o uniformemente.

8. Estampe os papéis

Quando estiver pronto para estampar, passe o rolo sobre o desenho da borboleta ou da libélula na batata e pressione-a com firmeza sobre uma folha de cartolina colorida. Repita o processo quantas vezes desejar, passando tinta no rolo antes de cada impressão. Se o desenho começar a ficar muito preenchido, lave a batata para remover o excesso de tinta, seque com papel-toalha e continue. Você pode variar as combinações de padrões e cores, imprimir em fileiras, ou alternar tons e desenhos diferentes. Fiz uma repetição escalonada e uma variação imprimindo as borboletas e as libélulas em ângulo umas com as outras. Deixe os papéis estampados secarem e guarde-os dobrados frouxamente ou use-os como forro de uma gaveta grande.

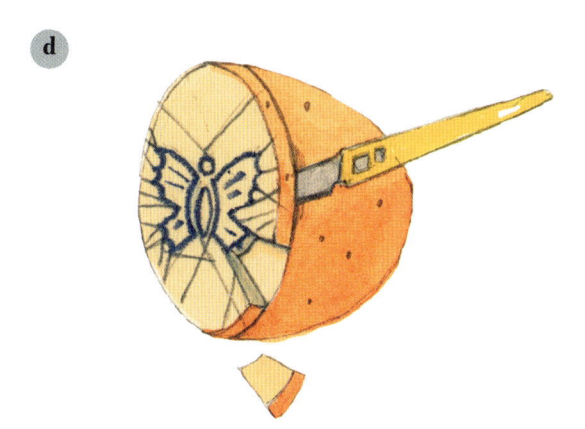

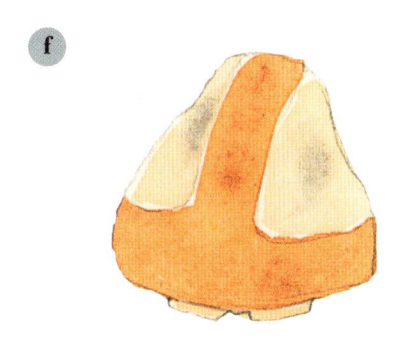

TOALHA DE MESA COM PERAS
estamparia com batata sobre tecido

Esse projeto usa ferramentas de cortar linóleo para esculpir nas batatas moldes positivos e negativos. Escolhi lona de algodão para a toalha por sua qualidade tátil, por ser boa para imprimir e por ter um preço bem razoável. Outra alternativa é imprimir em uma toalha branca pronta. Ao fazer esse projeto, você pratica técnicas de entalhe em xilogravura e, se não ficar contente com o desenho, pode cortar a batata e começar de novo!

MATERIAIS

Batatas grandes

Faca de lâmina lisa

Tábua de corte

Papel-toalha

Lápis 3B

Papel sulfite

Tesoura

Lápis aquarelável de cor escura

Goivas para xilogravura com pontas pequenas em "U" e "V"

Espetinho de madeira

Tinta acrílica – vermelha, azul-ultramar, amarelo-limão e branca

2 pincéis de cerdas com cabeça redonda

Diluente de tinta acrílica para tecido

Prato ou tábua de corte velha, para misturar as tintas

2 rolos de espuma

Lona de algodão (1,5 m de lado) ou toalha de mesa branca lisa preparada para impressão (p. 11)

Máquina e linha de costura

GRAU DE DIFICULDADE
Fácil

MOLDES
Pera 1, pera 2 (p. 132), ampliada para se ajustar à batata

COMO FAZER

1. Prepare as batatas
Corte as batatas ao meio com a faca de lâmina lisa sobre a tábua de corte. Coloque as metades sobre uma folha de papel-toalha para absorver um pouco a umidade. Amplie os dois moldes de pera (p. 132) e transfira conforme os passos 2 e 3 do Forro de gaveta com borboletas e libélulas (p. 70).

2. Prepare o espaço negativo do desenho

Pegue a meia batata da pera 1 e, usando a goiva em "V" (p. 68), entalhe todas as linhas do desenho, girando a batata conforme corta em torno das curvas e sacudindo para eliminar a umidade dos cortes de batata. Idealmente, para esse projeto, as linhas entalhadas devem ter 1-2 mm de profundidade. Para os detalhes de filigrana, tire a goiva assim que tiver entrado em ângulo para manter o corte pequeno. **(a)** Fure com a ponta do espetinho para criar os pontos de detalhe da casca da pera. Coloque o desenho virado para baixo sobre o papel-toalha e deixe secar, idealmente por 24 horas.

3. Prepare o espaço positivo do desenho

Pegue a meia batata da pera 2 e, usando a goiva em "V" (p. 68), cave em volta do desenho positivo, tendo cuidado ao cortar em torno do cabo e da folha da pera. Deixe um espaço de 1-2 mm entre a beirada dos detalhes de filigrana e a borda do desenho. Com a goiva em "U", corte fora as áreas que não fizerem parte do desenho. **(b)** Use a goiva em "V" para qualquer corte em torno dos detalhes finos. Deixe a batata cortada secar por 24 horas.

4. Prepare a área de impressão

Para esse projeto, usei minha mesa da cozinha forrada com uma toalha plástica velha e conservei as tintas em outra superfície protegida. A superfície deve ser lisa, porque isso pode influir no resultado das impressões. Se sua mesa for como a minha, com algumas irregularidades provocadas pelo uso, coloque um cobertor velho sob a toalha de plástico.

5. Misture as tintas

Misture a tinta amarelo-limão, a branca e um pouco da azul-ultramar com uma quantidade semelhante de diluente a fim de obter um tom verde. Misture a vermelha, a branca e um pouco da amarelo-limão com uma quantidade semelhante de diluente para obter um tom rosa-pêssego. Passe um rolo de espuma em cada cor e passe cada um sobre uma parte limpa do prato de mistura: a tinta deve parecer rala para não preencher os detalhes.

6. Prepare-se para imprimir

Neste projeto, é melhor imprimir alternando as cores em lugar de uma cor de uma só vez, para evitar borrões e erros. É importante manter-se concentrado, para não imprimir a cor errada ou com a batata invertida! (Faça uma flecha com a caneta marcadora no verso de cada meia batata para indicar a posição e anote também a cor que estiver usando.)

7. Estampe o tecido

Passe o rolo com a tinta rosa-pêssego sobre a superfície da meia batata da pera 1. Pressione-a com firmeza sobre uma ponta do tecido preparado, 2,5 cm abaixo da beirada e do canto de cima. Passe o rolo com tinta verde sobre a superfície da meia batata da pera 2 e imprima com 1 cm de distância do desenho da pera 1. Mantenha-a em linha conforme imprime, porque é fácil errar e sair em ângulo. **(c)** Use a beirada de cima e as laterais da mesa como guia. Se o tecido for mais comprido do que a mesa, mova-o para fora da beirada oposta a você à medida que imprime. Para que não caia sobre si mesmo, estenda-o sobre uma ou duas cadeiras. Esse projeto é uma repetição de cores alternadas. Ao concluir a estampa, deixe-a secar por algumas horas, assente o tecido com o ferro em temperatura média (p. 11) e faça a barra das bordas.

CORTINA COM PLANTAS
estamparia bicolor em relevo com formas da natureza

É extremamente difícil reproduzir em desenho à mão a aparência de folhagens e flores. Descobri que estampar usando coisas da própria natureza pode ser a forma mais gratificante de impressão, e funciona muito bem com diversas plantas, porque de fato captura a essência de sua beleza. Todos os detalhes estão presentes, então a maior parte do trabalho duro já está feito, cabendo a você desfrutar do prazer de imprimir em variações e combinações de cores. É tão fácil que pode ser feito por uma criança!

O tecido que usei para a cortina é uma musselina leve, um material natural excelente para trabalhar. Ela aceita bem o processo de impressão e o resultado final é uma cortina leve e funcional – nunca mais vou comprar uma cortina de renda!

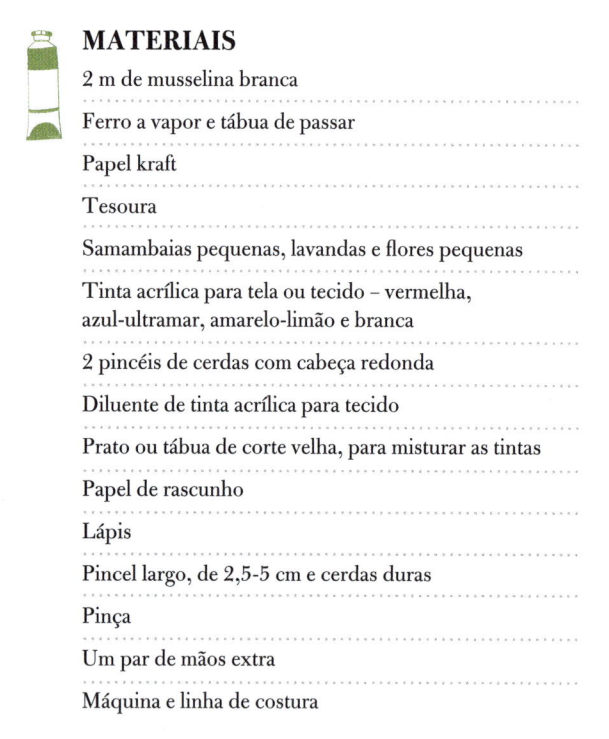

MATERIAIS

2 m de musselina branca

Ferro a vapor e tábua de passar

Papel kraft

Tesoura

Samambaias pequenas, lavandas e flores pequenas

Tinta acrílica para tela ou tecido – vermelha, azul-ultramar, amarelo-limão e branca

2 pincéis de cerdas com cabeça redonda

Diluente de tinta acrílica para tecido

Prato ou tábua de corte velha, para misturar as tintas

Papel de rascunho

Lápis

Pincel largo, de 2,5-5 cm e cerdas duras

Pinça

Um par de mãos extra

Máquina e linha de costura

GRAU DE DIFICULDADE
Fácil

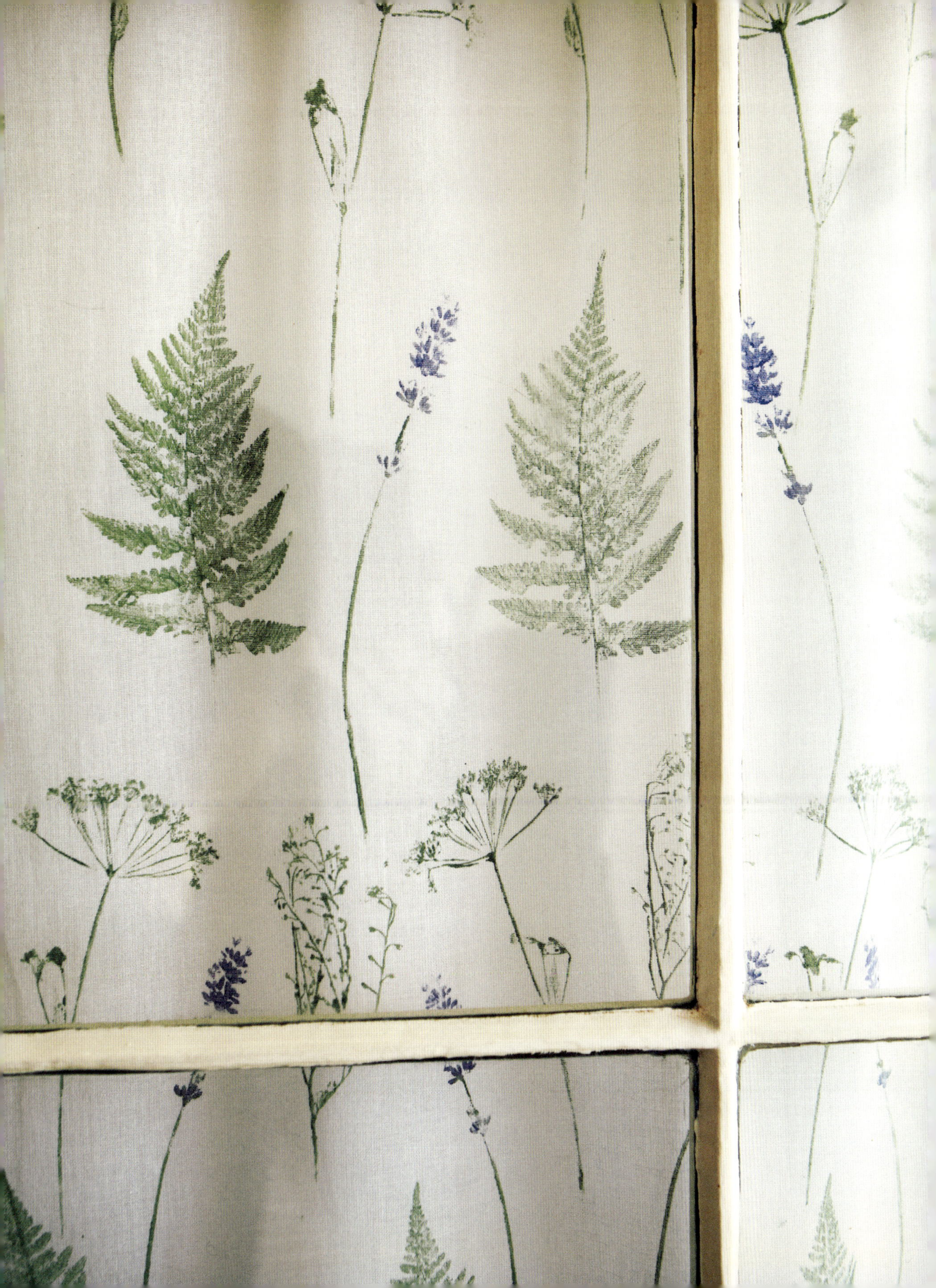

COMO FAZER

1. Prepare a área de trabalho e o tecido
Prepare a musselina (p. 11). Deixe secar e passe com ferro a vapor. Forre a superfície de trabalho com papel kraft; o chão deve estar limpo, já que o tecido chegará até ele durante a impressão. Estenda a musselina sobre a superfície de trabalho. Corte vários pedaços de papel kraft um pouco maiores do que as flores e as folhagens.

2. Misture as tintas
Misture as seguintes tintas. (Tente se basear nas cores das folhagens e adicione um pouco de cor por vez.)

Verde-menta = azul-ultramar + amarelo-limão + branco.
Lavanda = vermelho + azul-ultramar + um pouco de branco.

Misture cada uma das tintas com uma quantidade semelhante de diluente. Teste primeiro a impressão da folhagem no papel de rascunho para criar uma repetição aproximada de padrão e para garantir que a planta imprimirá bem. No meu projeto, a repetição do desenho é desencontrada de uma fileira para outra.

3. Decalque o projeto
Faça marcas espaçadas a lápis no papel kraft acima da borda superior da musselina para obter um desenho uniformemente espaçado; normalmente, marco o meio, as duas extremidades e então distribuo os espaços. Decalque a primeira fileira do seu projeto; pode decidir imprimir apenas uma samambaia ou flor, ou alternar dois itens diferentes. Marque a próxima fileira um pouco abaixo e deslocada como guia inicial para o projeto.

4. Estampe a primeira planta sobre a musselina
Aplique a tinta verde-menta à primeira planta com o pincel de cerdas duras **(a)** e cuidadosamente coloque-a sobre a musselina, tentando não tocar o tecido com os dedos. Ponha um pedaço pequeno de papel kraft sobre a planta, alise-o com a palma da mão, aplicando pressão uniforme, levante o papel kraft e a planta com os dedos limpos ou com a pinça – a impressão da planta deverá estar no tecido. **(b)** Aplique mais tinta à planta: se quiser que a planta fique virada para o outro lado, aplique a tinta desse outro lado e coloque-o sobre a musselina, repetindo o processo restante. Como pode ver na foto, usei as plantas do modo variado, imprimindo-as em um desenho modulado desencontrado.

5. Continue a imprimir, movendo o tecido
Se o tecido for mais comprido do que a mesa, mova-o para fora da beirada da mesa oposta a você à medida que imprime. Para que não caia sobre si mesmo, estenda-o sobre uma ou duas cadeiras. Toda vez que movimentar o tecido impresso, vai precisar de ajuda para levantá-lo e renovar o papel kraft de baixo – isso evita infiltração de tinta no tecido ainda não impresso. Quando imprimir a lavanda, use a tinta lavanda nas flores e a verde-menta no cabo. **(c)** Quando todo o tecido estiver estampado, deixe-o secar e assente-o com ferro em temperatura média (p. 11); faça uma barra na beirada superior e uma barra dupla na inferior.

PROJETO...

CAMINHO DE MESA COM PENAS
estampa monocromática em relevo com penas achadas

Há tantos tipos diferentes de penas voando no meu jardim que não consigo deixar de recolhê-las. Esse método de estamparia é uma forma de captar sua beleza.

A vantagem desse projeto é não requerer habilidade de desenho ou pintura para criar um tecido lindo; basta conseguir imprimir as penas em um padrão de espaçamento uniforme ou em fileiras moduladas. Há muitas possibilidades para variar a estampa. Você pode imprimir as penas em tintas de cores diversas ou sobre um fundo de cor diferente para fazer almofadas, toalhas de mesa ou cortinas que complementem a decoração de sua casa. A maioria dos tecidos naturais de trama fina funciona muito bem com essa técnica de impressão e, embora leve algum tempo para ser executada, os efeitos são surpreendentes.

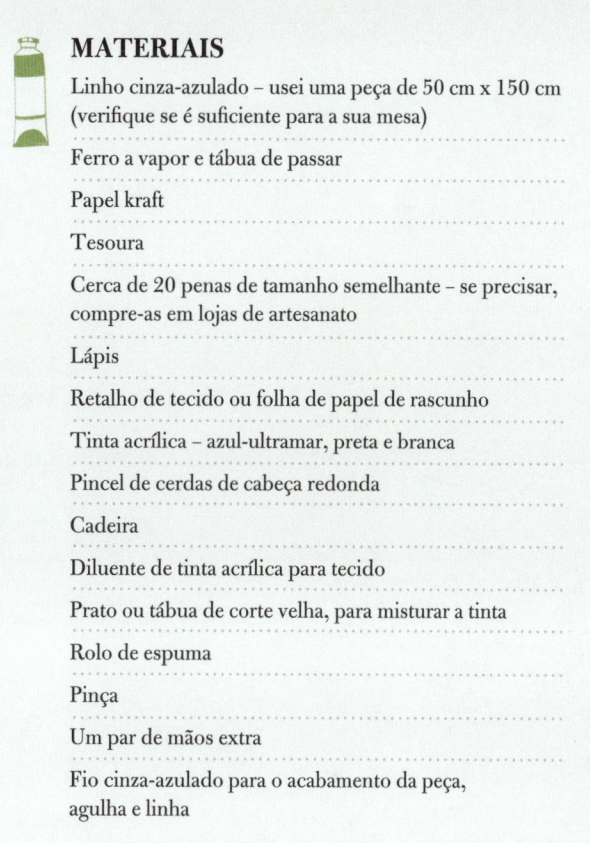

MATERIAIS

Linho cinza-azulado – usei uma peça de 50 cm x 150 cm (verifique se é suficiente para a sua mesa)

Ferro a vapor e tábua de passar

Papel kraft

Tesoura

Cerca de 20 penas de tamanho semelhante – se precisar, compre-as em lojas de artesanato

Lápis

Retalho de tecido ou folha de papel de rascunho

Tinta acrílica – azul-ultramar, preta e branca

Pincel de cerdas de cabeça redonda

Cadeira

Diluente de tinta acrílica para tecido

Prato ou tábua de corte velha, para misturar a tinta

Rolo de espuma

Pinça

Um par de mãos extra

Fio cinza-azulado para o acabamento da peça, agulha e linha

GRAU DE DIFICULDADE
Fácil

ESTAMPARIA EM RELEVO

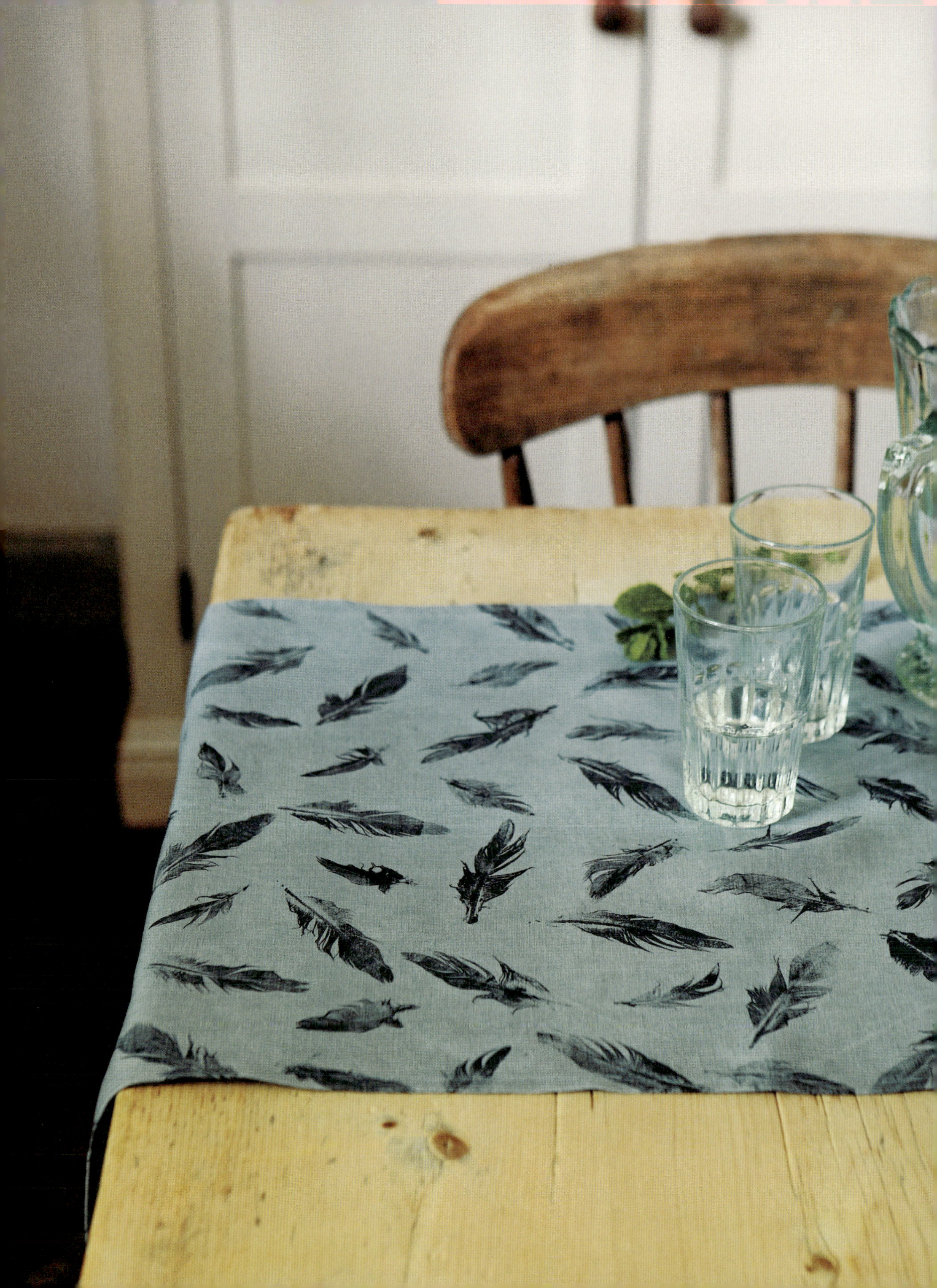

a

b

COMO FAZER

1. Prepare a área de trabalho e o tecido

Prepare o linho (p. 11). Deixe-o secar e passe-o com ferro a vapor. Forre a superfície de trabalho com papel kraft; o chão deve estar limpo, já que o tecido poderá chegar até ele durante a impressão. Corte cinquenta quadrados de papel kraft maiores do que as penas. Há duas formas de imprimir no tecido: se a mesa for suficientemente grande, estenda o comprimento todo do tecido com o lado direito para cima; se o espaço for menor, estenda o tecido verticalmente na sua frente (ele terá que ser movimentado em cima da mesa e você precisará de ajuda para renovar o papel de baixo à medida quer for imprimindo, mas, dessa forma, ficará mais fácil se concentrar no desenho).

2. Decalque o desenho

Para ter uma noção do projeto, distribua as penas em ângulos opostos e espaçadas uniformemente ao longo da beirada superior do tecido e desenhe pequenas flechas a lápis no papel kraft acima delas. Tentei criar um desenho de penas caindo, modulando as penas ao imprimi-las em ângulos e virando cada uma para cima ou para baixo, para que o desenho ficasse bem natural. Pratique com algumas penas avulsas sobre um retalho do tecido ou uma folha de rascunho para pegar o jeito de imprimir com elas e criar o desenho.

3. Misture a tinta e passe o rolo sobre a primeira pena

Misture a tinta azul-ultramar, a preta e um pouco da branca com uma quantidade semelhante de diluente para obter um preto suave (o preto puro ficaria muito pesado). Passe o rolo de espuma na tinta, depois gire o rolo diversas vezes na parte plana do prato para evitar que a tinta fique muito pegajosa e preencha detalhes das penas. Passe delicadamente o rolo sobre a parte da frente da pena. **(a)**

4. Estampe a primeira pena

Ponha a pena virada para baixo no tecido, coloque um pedaço de papel kraft em cima e alise o papel com a palma da mão, aplicando pressão homogênea. **(b)** Levante o papel kraft e a pena com os dedos limpos ou a pinça.

5. Finalize a estamparia

À medida que for imprimindo, as penas começarão a ficar preenchidas e você precisará espalhar partes delas com os dedos para manter o formato natural; assim, lave as mãos com frequência para não sujar o tecido. Tente usar penas diferentes por todo o tecido; isso também permite que as penas muito usadas sequem e possam ser usadas novamente. Prossiga para baixo, mantendo as penas espaçadas uniformemente, para que o projeto funcione bem como um todo. Quando o tecido estiver estampado, deixe-o secar e assente-o com o ferro em temperatura média (p. 11); faça a barra das beiradas.

PROJETO...

PAPEL TIMBRADO, ENVELOPES E ETIQUETAS
estamparia em relevo com carimbos de borracha feitos em casa

Esse projeto é um modo excelente para se familiarizar com as técnicas de entalhe em xilogravura e criar carimbos de borracha personalizados. O sucesso dependerá do tipo de borracha escolar que usar – não é fácil encontrar borrachas grandes fáceis de cortar –considere isso um desafio. Vale a pena comprar uma variedade delas para descobrir as melhores para entalhar, e elas terão no mínimo de duas a quatro superfícies que podem ser cortadas. Essa técnica, embora barata, não é tão eficiente ou fácil como a usada com bloco de borracha para carimbo (p. 82), por isso é melhor usá-la para desenhos mais simples e com menos detalhes.

MATERIAIS
Papel vegetal

Lápis 3B

Lápis 5H

Goivas para xilogravura com pontas pequenas em "U" e "V" ou estilete de precisão

Borrachas escolares – quanto maiores, melhor!

Papel de carta liso, envelopes e etiquetas

Almofada de tinta preta para carimbo

Papel-toalha

GRAU DE DIFICULDADE
Fácil

MOLDES
Carimbos de borracha (parte interna da contracapa)

COMO FAZER

1. Decalque e transfira o desenho
Dependendo do tamanho das borrachas, será preciso roduzir ou ampliar os moldes. Decalque e transfira seus moldes escolhidos para a superfície das borrachas (p. 10). Como estará decalcando e transferindo o molde do desenho, ele será impresso na posição correta. Entretanto, é preciso lembrar (especialmente com relação a números e letras) que, se criar um desenho e desenhá-lo diretamente na superfície da borracha, a imagem será impressa invertida. Assim, para imprimir do lado correto um desenho feito na borracha, você deve desenhá-lo e recortá-lo ao contrário.

2. Entalhe o desenho
Com as goivas em "U" e "V" (p. 68), cave cuidadosamente os detalhes de cada molde sobre as borrachas. Os moldes são desenhos de espaços negativos "branco sobre preto", por isso, tudo que recortar permanecerá branco. Mantenha os dedos longe dos cortadores.

Se cortar delicadamente, segurando a parte inferior da borracha e girando-a enquanto corta, não correrá perigo de se machucar. Se houver muita resistência, a borracha que estiver usando não serve para essa tarefa: transfira-a para um estojo de lápis. Cave primeiro as linhas verticais **(a)** e depois as horizontais.

3. Imprima o desenho

Com as borrachas entalhadas, você poderá imprimir os desenhos no papel de carta e nos envelopes. Pressione a borracha na almofada de tinta, com cuidado para não prender a borracha nas bordas de plástico da almofada – isso pode danificar permanentemente a superfície de impressão. Verifique se a borracha ficou revestida de tinta por igual, segure-a acima do papel de carta para posicioná-la, verifique se está centralizada, deixando uma margem pequena ao longo da borda superior. Pressione todas as áreas da borracha com firmeza sobre o papel de carta, com cuidado para não movê-lo. Levante a borracha – você terá feito uma bela impressão. Continue a estampar diversas folhas e experimente os desenhos nas bordas laterais e onde posiciona a imagem. Quando terminar de estampar, enxágue as borrachas sob água morna corrente e seque-as com papel-toalha.

CARTÃO COM BULE DE CHÁ
estamparia monocromática com goiva para xilogravura

Minhas lembranças de usar linóleo na faculdade de Artes não são felizes. O linóleo era tão duro que eu cometia erros ao cortá-lo e machucava minhas mãos – foi um processo de impressão que não explorei mais. (Se for usar linóleo, aqueça-o no forno para amaciar antes de entalhá-lo.)

Mas o bloco de borracha (Speedball Speedy-Carve Block*) mudou a situação! Por ser macio, como um tablete de manteiga firme, oferece menor risco de acontecerem erros e ferimentos. E como tem certa "elasticidade", possibilita a impressão sem o uso de uma prensa para relevo. Outra vantagem desse bloco é ser maior que as borrachas escolares, que limitam o tamanho dos projetos. Como é mais caro do que o linóleo comum, uso para pequenas impressões.

* Raro no Brasil, esse material faz parte do Speedball Carving Set e pode ser adquirido on-line (p. 141).

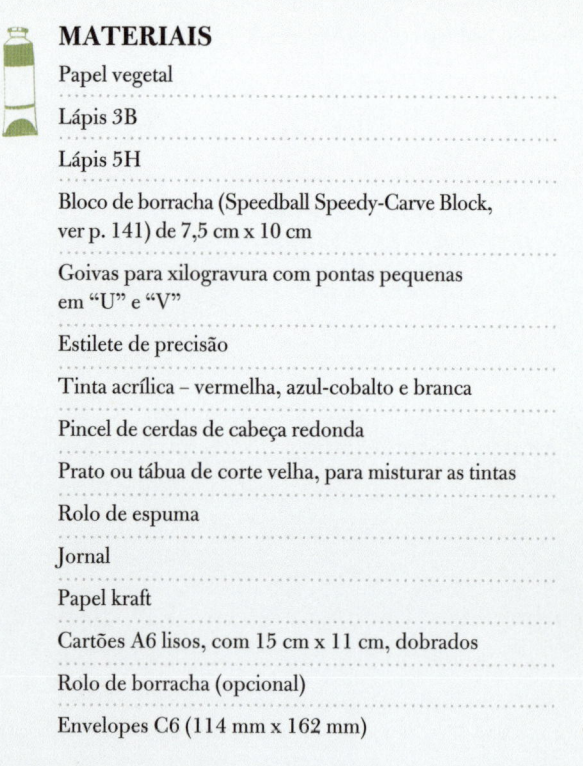

MATERIAIS
Papel vegetal

Lápis 3B

Lápis 5H

Bloco de borracha (Speedball Speedy-Carve Block, ver p. 141) de 7,5 cm x 10 cm

Goivas para xilogravura com pontas pequenas em "U" e "V"

Estilete de precisão

Tinta acrílica – vermelha, azul-cobalto e branca

Pincel de cerdas de cabeça redonda

Prato ou tábua de corte velha, para misturar as tintas

Rolo de espuma

Jornal

Papel kraft

Cartões A6 lisos, com 15 cm x 11 cm, dobrados

Rolo de borracha (opcional)

Envelopes C6 (114 mm x 162 mm)

GRAU DE DIFICULDADE
Médio

MOLDES
Bule de chá (p. 132), ampliado em 141%

COMO FAZER

1. Decalque e transfira o desenho

Amplie o molde do bule de chá, decalque e transfira-o (p. 10) de modo que fique centralizado no bloco de borracha. Reforce as linhas apagadas com o lápis. A imagem deve aparecer invertida no bloco, para que saia correta na impressão.

2. Entalhe o desenho com a goiva em "V"

Entalhe delicadamente o detalhe do molde sobre o bloco usando a goiva em "V", girando o bloco ao cavar em torno de curvas e seguindo as linhas do desenho. Para criar pontos pequenos, pressione a goiva no bloco em ângulo reto, gire o bloco 180 graus e retire-a. Para criar pontos mais finos, use o estilete para cortar um círculo pequeno e pressione-o por baixo para sair. É sempre aconselhável entalhar por fora do desenho para não cortá-lo por dentro, mas, para a ponta do bico, se cavar em direção ao centro do bico e levantar o cortador, os cortes devem se encontrar em um ponto para formar o "V" do bico, já que a goiva entalha mais largo na entrada e mais fino na saída. (Pratique antes de fazer isso para valer!)

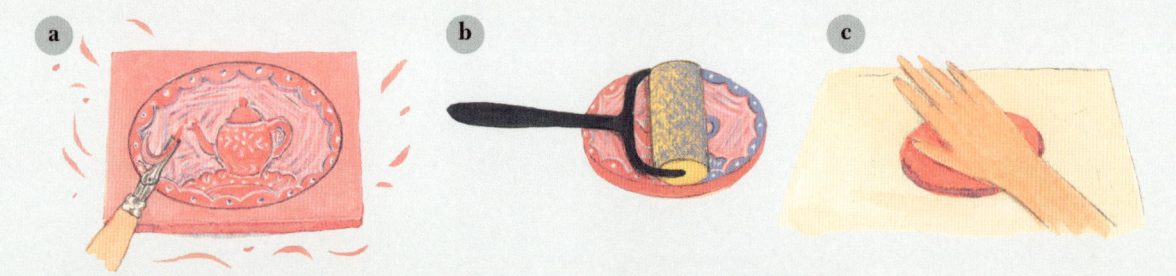

3. Entalhe o fundo com a goiva em "U"
Quando tiver entalhado o desenho, escove para remover as aparas de borracha. Nesse ponto, vale a pena fazer testes de impressão com o bloco (que vai lhe dar uma imagem negativa "branco sobre preto") para ter ideia de como ficará a imagem final impressa e verificar cortes adicionais que talvez seja preciso fazer. Lave e seque o bloco. Com a goiva em "U", tomando cuidado para não cortar no desenho positivo, corte fora as áreas que não fazem parte do desenho. **(a)** Use a ponta em "V" para qualquer corte em torno de detalhes finos. Quando acabar de cortar a imagem, use o estilete de precisão para recortar o bloco de borracha e deixar o desenho no formato oval. Passe uma escova para remover as aparas.

4. Prepare a tinta de imprimir
Misture o vermelho e o azul-cobalto com um pouco do branco para obter um tom lavanda. Misture bem com o pincel de cerdas duras e reserve.

5. Prepare a área de impressão
Usa-se tradicionalmente um rolo de borracha para aplicar tinta ao bloco quando se faz a impressão com goiva para xilogravura. Entretanto, descobri que o rolo de espuma é melhor com essa tinta porque ele dá uma cobertura boa e uniforme ao bloco. Ponha algumas folhas de jornal sobre uma superfície lisa próxima ao lugar em que a tinta será passada; esta será a estação de tinta. Coloque um pedaço de papel kraft sobre a superfície lisa onde fará a impressão, juntamente com o cartão, de modo que essa área fique separada da estação de tinta. Como o desenho é em modo "paisagem", é preciso abrir o cartão e posicionar o bloco sobre a metade de baixo do cartão, centralizando-o.

6. Passe a tinta no bloco
Passe o rolo de espuma sobre um pouco da tinta que está no prato. Ela deve parecer rala e não pegajosa. Passe o rolo levemente sobre a imagem, cobrindo-a homogeneamente. **(b)** Se usar tinta demais, pode ser que o bloco se mova na hora da impressão e alguns detalhes fiquem preenchidos.

7. Imprima o desenho
Há dois modos de imprimir o bloco: coloque o bloco com tinta contra o cartão e, sem movê-lo, ponha a palma da mão por cima. Pressione cuidadosamente, movendo e reposicionando a mão para que todas as áreas do bloco recebam a mesma carga de pressão **(c)**; alternativamente, passe o rolo de borracha sobre o verso do bloco com cuidado, aplicando um pouco de pressão – isso parece diminuir o risco de o bloco se mover e aplica uma pressão homogênea sobre o bloco inteiro. Se perceber que outras áreas não entalhadas do bloco ainda estão imprimindo, cave-as um pouco mais e escove para remover as aparas. Quando terminar a impressão, deixe os cartões secarem. Quando estiverem secos, escreva sua mensagem e coloque-os nos envelopes prontos para serem enviados. Lave cuidadosamente o bloco e seque-o com papel-toalha para poder usá-lo mais vezes.

GRAVURA DE BARQUINHO
impressão bicolor com goiva para xilogravura

Essa imagem de barquinho foi inspirada em férias passadas em Dorset e Devon, no litoral sul da Inglaterra. O desenho simples é valorizado pela impressão em duas cores. A gravura é um ótimo presente, especialmente quando enquadrada em moldura de madeira.

Esse processo exige um pouco de planejamento: é preciso criar moldes para as duas cores que tenham o mesmo tamanho da placa, e duas etapas para entalhar e imprimir. O primeiro entalhe é para os detalhes e os relevos na cor do fundo que mostrarão o tom creme do papel; o segundo é para a imagem em geral.

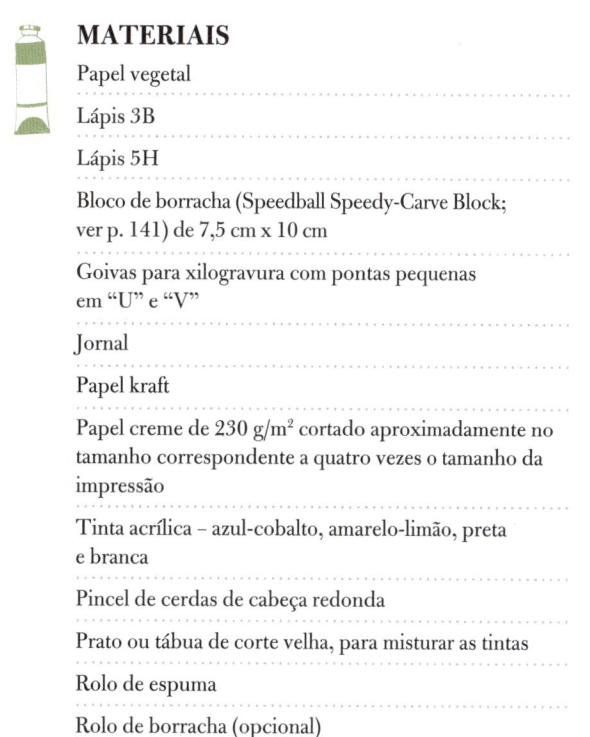

MATERIAIS

Papel vegetal

Lápis 3B

Lápis 5H

Bloco de borracha (Speedball Speedy-Carve Block; ver p. 141) de 7,5 cm x 10 cm

Goivas para xilogravura com pontas pequenas em "U" e "V"

Jornal

Papel kraft

Papel creme de 230 g/m² cortado aproximadamente no tamanho correspondente a quatro vezes o tamanho da impressão

Tinta acrílica – azul-cobalto, amarelo-limão, preta e branca

Pincel de cerdas de cabeça redonda

Prato ou tábua de corte velha, para misturar as tintas

Rolo de espuma

Rolo de borracha (opcional)

GRAU DE DIFICULDADE
Médio

MOLDES
Barquinho 1 e barquinho 2 (p. 138)

COMO FAZER

1. Decalque e transfira o molde 1
Decalque e transfira (p. 10) o barquinho 1 para um pedaço de bloco de borracha, de modo que as bordas do molde fiquem alinhadas com as beiradas do bloco. **(a)** Reforce com o lápis as linhas apagadas. A imagem deve aparecer invertida no bloco para que, ao ser impressa, apareça corretamente.

2. Entalhe o desenho com a goiva em "V"
Entalhe delicadamente o detalhe do molde sobre o bloco usando a goiva em "V" (p. 68), girando o bloco ao cavar em torno de curvas e seguindo as linhas do desenho. Depois de entalhar o desenho, escove para remover as aparas de borracha.

3. Prepare a área de impressão
Ponha algumas folhas de jornal sobre uma superfície lisa próxima ao lugar em que a tinta será passada; essa será a estação de tinta. Coloque um pedaço de papel kraft e o papel de impressão sobre a superfície lisa onde fará a impressão, de modo que essa área fique separada da estação de tinta.

4. Prepare a tinta de imprimir
Misture a tinta azul-cobalto e a branca com um pouco da amarelo-limão para obter um azul-claro. Misture bem com o pincel de cerdas duras e reserve.

5. Passe a tinta no molde 1
Com o rolo de espuma, passe um pouco de tinta sobre o prato ou a tábua de corte. Quando passar o rolo na tinta, ela deve parecer rala e não pegajosa. Passe o rolo levemente sobre a imagem até revesti-la uniformemente. **(b)**

6. Imprima o molde 1
Segurando o bloco pelas pontas opostas, posicione-o acima do papel para centralizá-lo com uma borda levemente maior na beirada de baixo do papel do que na de cima. Coloque-o, com a parte da tinta virada para baixo, no papel. Sem mover o bloco, ponha a palma da mão em cima e pressione cuidadosamente, levantando e reposicionando a mão para que todas as áreas do bloco recebam a mesma pressão. Alternativamente, passe o

rolo de borracha sobre o verso do bloco com cuidado, aplicando um pouco de pressão – isso parece diminuir o risco de o bloco se mover e aplica uma pressão homogênea sobre o bloco inteiro. Depois de fazer várias impressões, lave a tinta e seque bem o bloco, assim como a estação de tinta e o rolo.

7. Decalque e transfira o molde 2
Decalque o molde do barquinho 2. Para facilitar o recorte do desenho, risque com lápis de cor as áreas escuras do molde no decalque para que sejam transferidos sobre o bloco. Alinhe o molde com as beiradas do bloco e a imagem talhada, transfira a imagem – cuidado para não borrar as áreas escuras riscadas a lápis no bloco depois de transferi-las.

8. Recorte o molde 2 e misture a tinta
Com a goiva em "V", recorte todas as áreas do bloco não riscadas a lápis (o rosa exposto do bloco Speedy-Carve). Lembre-se de talhar por fora do desenho para evitar cortar dentro dele. Para áreas maiores, use a goiva em "U". Quando o molde 2 estiver cortado, misture as tintas preta e branca com um pouco da azul-cobalto para obter a cinza-azulada.

9. Imprima o molde 2
Passe o rolo na tinta (ela deve parecer rala o não pegajosa) e depois no bloco, de modo homogêneo. Coloque a impressão azul com o lado certo para cima na área de impressão. Segurando o bloco pelas beiradas opostas e com o lado certo para cima, posicione-o acima da imagem impressa azul-clara em alinhamento com as beiradas e coloque-o sobre a impressão. **(c)** Pressione o bloco com a palma da mão, ou passe cuidadosamente o rolo de borracha sobre o verso dele, aplicando pressão uniforme e contínua. **(d)** Remova o bloco com cuidado levantando-o primeiro por uma ponta. Repita o processo com as impressões restantes. Deixe-as secar por duas ou três horas.

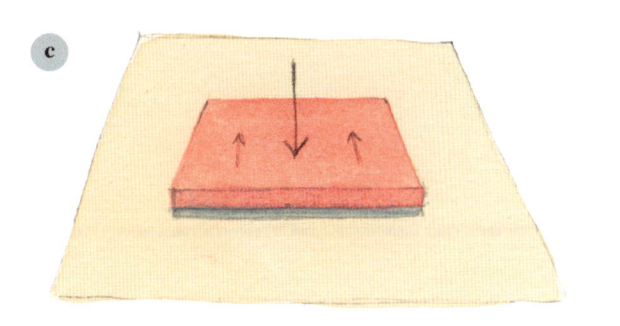

CARTÃO COM PÁSSARO
impressão bicolor com isopor

Tenho recordações deliciosas de um projeto que conduzi – juntamente com meu grupo local de escoteiras e crianças da escola fundamental – usando a técnica de impressão em bloco de isopor; elas produziram lindos cartões e imagens de Natal. Embora essa técnica tenha limitações, é um ótimo método de iniciação na impressão, porque não exige ferramentas sofisticadas ou equipamento especial e produz excelentes cartões e gravuras. Se quiser economizar, reaproveite as bandejinhas de isopor que vêm com frios e frutas do supermercado e use-as para esse projeto. Para impressões maiores, compre placas de isopor em lojas especializadas.

DICA
Tire os anéis antes de começar o projeto, porque eles podem marcar o isopor durante a impressão.

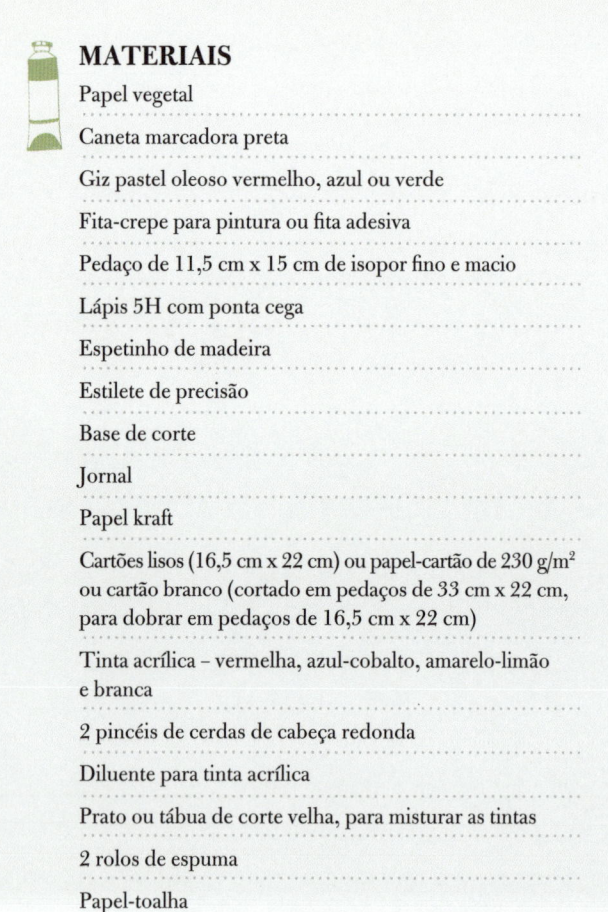

MATERIAIS
Papel vegetal

Caneta marcadora preta

Giz pastel oleoso vermelho, azul ou verde

Fita-crepe para pintura ou fita adesiva

Pedaço de 11,5 cm x 15 cm de isopor fino e macio

Lápis 5H com ponta cega

Espetinho de madeira

Estilete de precisão

Base de corte

Jornal

Papel kraft

Cartões lisos (16,5 cm x 22 cm) ou papel-cartão de 230 g/m² ou cartão branco (cortado em pedaços de 33 cm x 22 cm, para dobrar em pedaços de 16,5 cm x 22 cm)

Tinta acrílica – vermelha, azul-cobalto, amarelo-limão e branca

2 pincéis de cerdas de cabeça redonda

Diluente para tinta acrílica

Prato ou tábua de corte velha, para misturar as tintas

2 rolos de espuma

Papel-toalha

GRAU DE DIFICULDADE
Fácil

MOLDES
Pássaro (parte interna da capa), ampliado em 141%

COMO FAZER

1. Decalque e transfira o molde

Amplie o molde do pássaro; decalque-o em papel vegetal com a caneta marcadora. Espere secar, então pinte o desenho inteiro com o giz pastel grosso. **(a)** Vire o papel vegetal e prenda com fita adesiva, o lado colorido virado para baixo, sobre a superfície lisa do isopor. Com o lápis 5H com ponta cega, decalque sobre as linhas escuras da imagem para que o desenho seja transferido para a superfície de isopor. A linha deve ser firme, mas não tão dura que o giz fure o isopor.

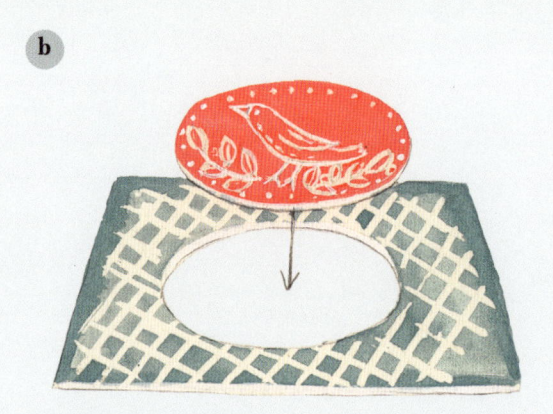

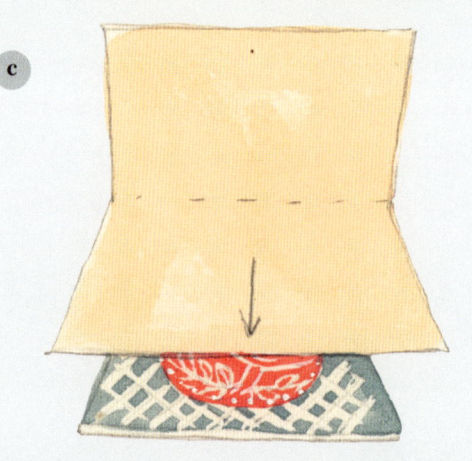

2. Imprima e recorte o desenho

Remova o papel vegetal e, com o lápis 5H, desenhe dentro da imagem colorida com pastel oleoso no isopor. (O isopor tem uma espécie de "grão" ou "resistência" que faz o lápis rachá-lo e estragar a linha. Para evitar isso, passe o lápis delicadamente sobre as linhas diversas vezes, ou desenhe segurando o lápis em ângulo agudo.) Observe que o isopor é muito sensível, por isso evite fazer pressão excessiva (com as unhas, por exemplo), porque as marcas aparecerão no trabalho pronto. Fure o isopor com a ponta do espetinho para criar os detalhes de pontos. Assim que tiver passado o desenho, use o estilete de precisão sobre a base de corte para recortar cuidadosamente a forma central oval, então pressione-a delicadamente para fora.

3. Prepare a área de impressão

Ponha algumas folhas de jornal sobre uma superfície lisa próxima ao lugar onde a tinta será passada; essa será a estação de tinta. Coloque um pedaço de papel kraft sobre a superfície lisa e limpa onde fará a impressão, juntamente com o papel-cartão ou cartão branco, de modo que essa área fique separada da estação de tinta.

4. Prepare as tintas de impressão e a placa

Para o fundo azul-claro do cartão, misture a tinta azul--cobalto e a branca com um pouco da amarelo-limão; adicione o diluente para tinta acrílica na proporção de 2:3. Para o centro vermelho suave do cartão, misture as tintas vermelha e branca com um pouco da amarelo--limão; adicione o diluente na mesma proporção. Misture cada tinta com um pincel de cerdas duras. Passe o rolo de espuma na tinta vermelha suave e passe uma camada homogênea sobre o centro oval de isopor, tomando cuidado para que a tinta não fique excessivamente grossa, e preencha o desenho. Passe o segundo rolo na tinta azul-clara e passe sobre a moldura retangular de isopor; coloque na área de impressão. Cuidadosamente, ponha o centro oval de isopor de volta na moldura azul--clara, colocando-o no lugar e empurrando as beiradas para dentro **(b)** – tente não mexer muito com a superfície com tinta para cima, ou misturar as duas cores.

5. Imprima o desenho

Coloque a metade do fundo, em modo "paisagem", sobre a placa de impressão de isopor, de modo que a placa fique centralizada no fundo da metade do cartão. **(c)** Segure o cartão com firmeza no lugar e alise a área da placa de isopor (que sentirá sob o cartão) com a palma da mão fazendo pressão uniforme. Retire o cartão e coloque-o em uma superfície lisa e limpa para secar. Delicadamente, separe a placa de isopor, passe tinta nela novamente e continue a imprimir quantos cartões desejar. Se as imagens ficarem preenchidas com tinta, lave o isopor com cuidado, seque-o com papel-toalha e volte a imprimir. Quando concluir a impressão, lave as superfícies que têm tinta, os rolos e a placa, secando-a com papel-toalha.

GRAVURA DE TOPIARIA
impressão em isopor com mistura de cores

Esse projeto simples de jardim demonstra como é possível fazer impressões grandes e definidas ao passar várias cores com rolo numa placa de isopor. A vantagem desse material é que não é necessário ter uma prensa grande para imprimir com ele – basta um par de mãos. Usei uma placa de isopor, que pode ser comprada em papelarias ou mesmo reaproveitada de uma bandeja daquelas que vêm em embalagens de frios e frutas comprados no supermercado.

MATERIAIS
- Papel vegetal
- Caneta marcadora preta
- Giz pastel oleoso vermelho, azul ou verde
- Fita-crepe para pintura ou fita adesiva
- Placa de isopor de 38 cm x 30 cm
- Lápis 5H com ponta cega
- Espetinho de madeira cortado ao meio
- Jornal
- Papel kraft
- Folhas A2 de papel-cartão de 230 g/m²
- Tinta acrílica – vermelha, azul-cobalto, amarelo-limão e branca
- 3 pincéis de cerdas com cabeça redonda
- Diluente para Tinta acrílica
- Prato ou tábua de corte velha, para misturar as tintas
- 2 rolos de espuma, 1 grande e 1 pequeno

GRAU DE DIFICULDADE
Fácil

MOLDE
Topiaria (p. 139), ampliado em 141%

COMO FAZER

1. Decalque e transfira o molde

Amplie o molde de topiaria (p. 139); transfira para o papel vegetal com a caneta marcadora. Deixe secar e pinte o desenho inteiro com o pastel oleoso. **(a)** Vire o papel vegetal para cima e prenda com fita adesiva na superfície lisa do isopor. Com o lápis 5H com ponta cega, decalque sobre as linhas escuras da imagem para que o desenho seja transferido para a superfície de isopor. A linha deve ser firme, mas não tão dura que o lápis fure o isopor.

ESTAMPARIA EM RELEVO

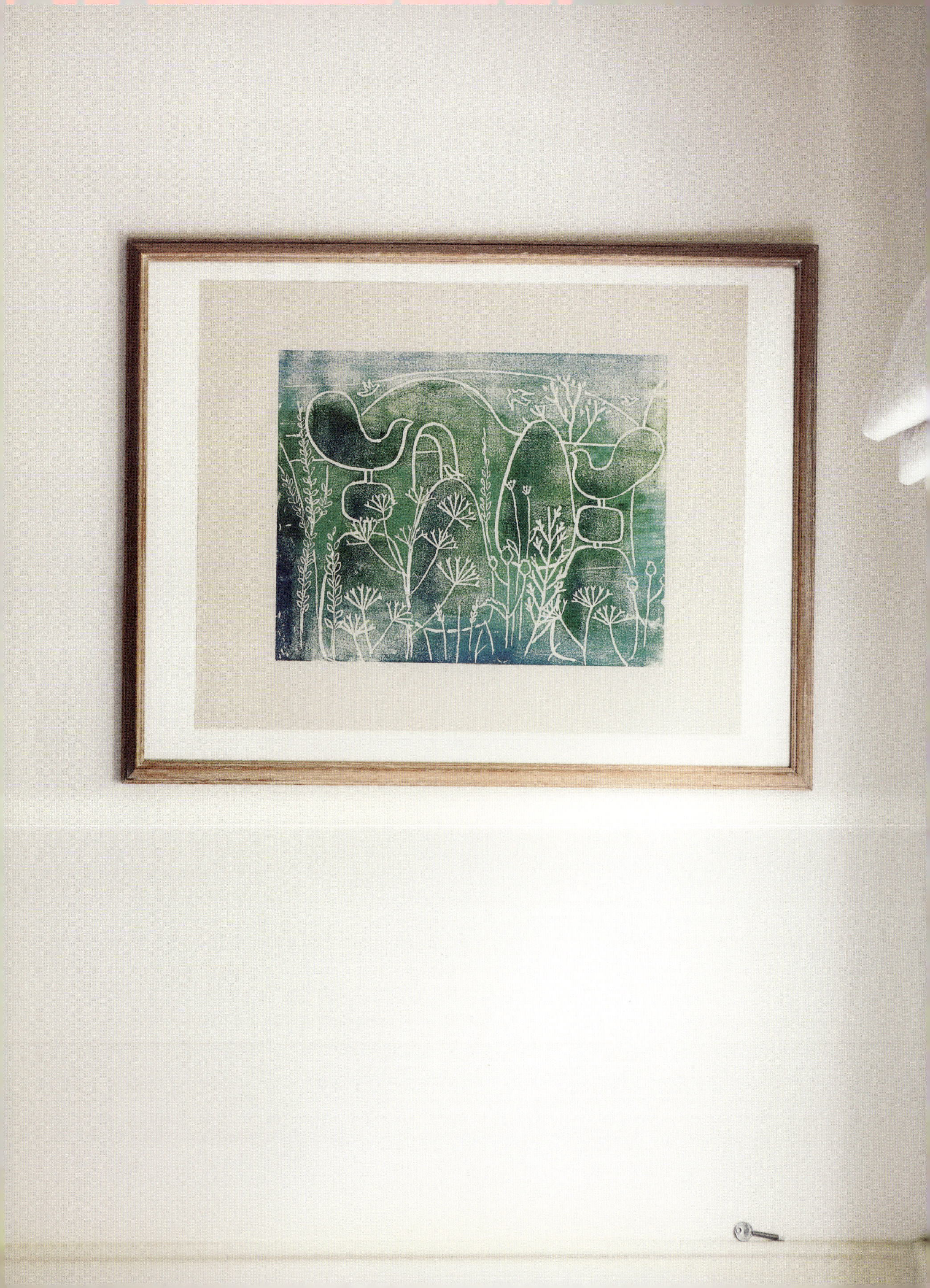

2. Imprima o desenho no isopor

Remova o papel vegetal e, com o lápis 5H, desenhe dentro da imagem colorida com pastel no isopor, passando por cima das linhas para deixá-las mais grossas. Para fazer linhas realmente grossas na topiaria, use a ponta cega de um espetinho que tenha sido cortado ao meio em vez do lápis. **(b)**

3. Prepare a área de impressão

Ponha algumas folhas de jornal sobre uma superfície lisa próxima ao lugar onde a tinta será passada; esta será a estação da tinta. Coloque um pedaço de papel kraft sobre a superfície lisa e limpa onde fará a impressão, juntamente com o papel-cartão, de modo que esta área fique separada da estação de tinta.

4. Prepare as tintas de impressão

Para obter a tinta verde-escura, misture a azul-cobalto e a amarelo-limão com um pouco da branca; adicione o diluente para Tinta acrílica na proporção de 2:3. Para obter a tinta roxa, misture a vermelha e a azul-cobalto com um pouco da branca; adicione o diluente na proporção de 2:3. Para misturar, use pincel de cerdas duras. Se secar muito rápido, acrescente um pouco de água.

5. Passe a tinta na placa de impressão de isopor

Ponha a placa de isopor na estação de tinta e passe o rolo grande de espuma na placa com tinta verde-escura. Como é uma placa grande, tome cuidado ao passar o rolo: tente não marcar a placa com a beirada do rolo, porque essa marca vai aparecer na impressão! Depois de passar a tinta verde-escura, passe a tinta lilás na parte de baixo e na de cima da placa e nas áreas entre as bases das plantas. Vai perceber que o rolo ficou lilás-esverdeado; não se preocupe, pois isso ajuda a tinta a se misturar na imagem, evitando que as cores fiquem duras demais. Para criar as sombras, use um rolo pequeno e passe a tinta roxa dos lados direitos das plantas — é aqui que você poderá brincar um pouco com as cores, repassando áreas específicas para torná-las mais fortes. **(c)** Quando a imagem estiver do seu gosto na placa, coloque-a sobre o papel kraft na área de impressão, com a tinta para cima.

6. Imprima o desenho

Com as mãos limpas, pegue o papel-cartão pelos cantos, segure-o acima da placa e posicione-o para que a placa imprima a imagem centralizada no papel. Abaixe-o sobre a placa. Alise a área da placa (que pode ser sentida embaixo do papel) com a palma da mão fazendo pressão uniforme. (Cuidado para não movimentar o papel sobre a placa ao fazer isso.) Quando achar que a imagem está impressa (muitas vezes dá para ver a sombra da impressão no verso do papel), delicadamente levante um canto do papel para fora da placa, para verificar se a impressão está correta. Se estiver, remova com cuidado o papel da placa. Como o papel é fino, ele pode ter grudado na placa, por isso remova-o delicadamente. Deixe a impressão secar. Continue a passar o rolo com tinta na placa do mesmo modo para imprimir as imagens seguintes.

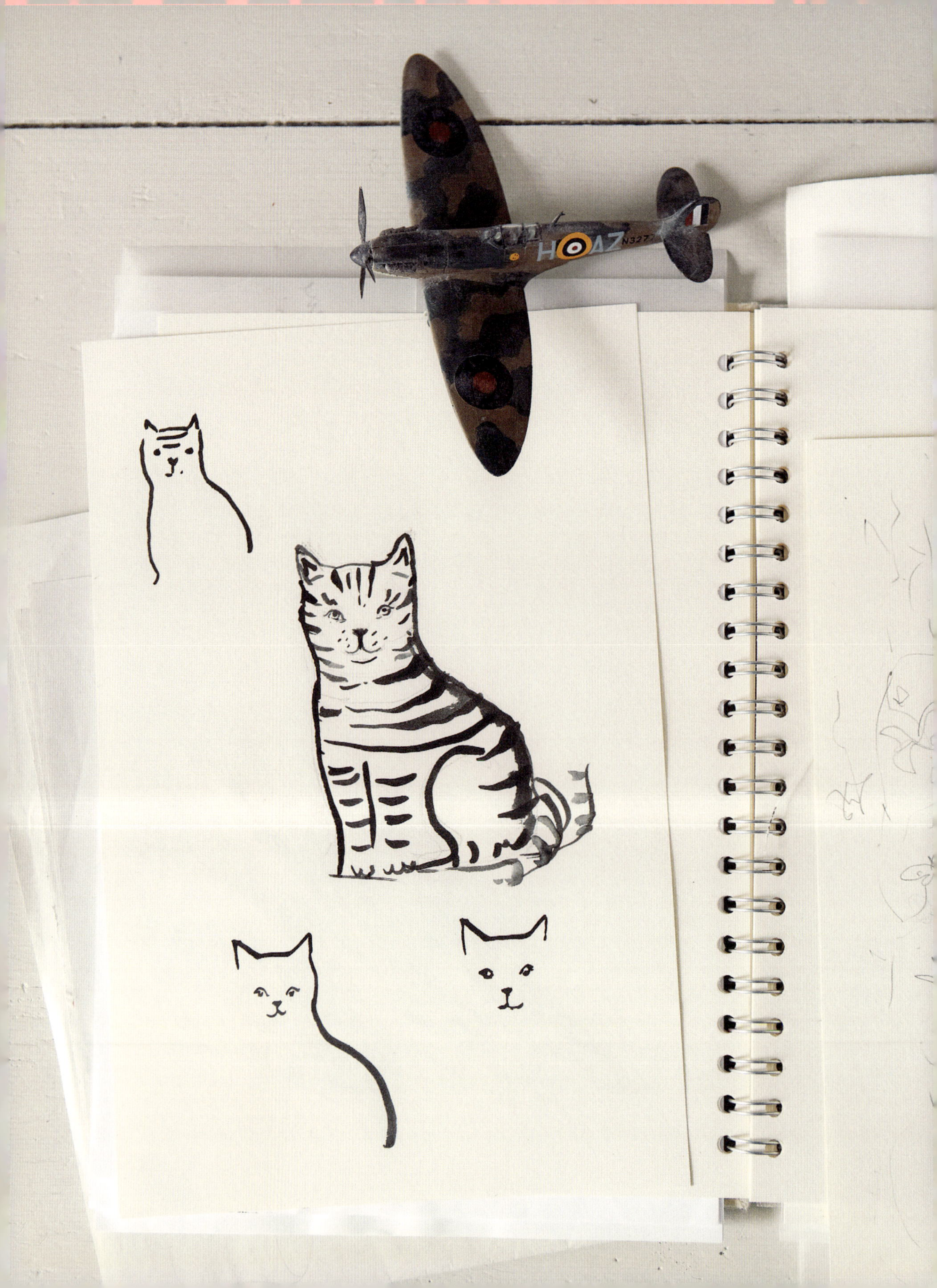
H AZ

SERIGRAFIA

Sempre pensei que a serigrafia fosse um processo complicado e caro – mas descobri que não precisa ser!

Neste capítulo, apresento um método de serigrafia barato e eficiente, usando tanto materiais e equipamentos comuns como alguns não convencionais, que dão condições de estampar em camisetas, cartões e até em panos mais rústicos.

Para manter o custo baixo, é preciso garimpar os materiais cuidadosamente. Só vale a pena usar um equipamento não convencional se ele for mais barato do que o usado normalmente para o mesmo fim – por exemplo, o rodo de limpar janela que usei custou um quarto do preço do rodo para serigrafia. Alguns desses materiais são facilmente encontrados em lojas de materiais de artesanato ou bricolagem.

TÉCNICA
TELA PARA IMPRESSÃO FEITA EM CASA

MATERIAIS

Para a tela

Tela para pintura com borda de 40 cm x 50 cm

Alicate

Faca

Cerca de 1 m de náilon para serigrafia branco fosco ou creme

Tesoura

Grampeador de tapeçaria com grampos de 6 mm

DICAS

Se for inexperiente em serigrafia, há algumas coisas que deve saber sobre o equipamento e os materiais envolvidos no processo.

- A tela com borda alta só é necessária por sua moldura, portanto, a qualidade do tecido que a compõe não importa – de qualquer modo, ele será retirado.

- A imagem que pretender usar não poderá ser maior do que o rodo, porque terá de passá-lo por ela toda de uma só vez.

Para a impressão em papel, qualquer Tinta acrílica pode ser misturada na proporção 1:1 com o diluente de tinta para tecido, a fim de permanecer "aberta" na tela (ou seja, não vai bloquear a malha fina da tela ou secar rápido demais). Alternativamente, pode-se usar um diluente para impressão acrílica especificamente para impressão em papel.

- Para impressão em tecido, é possível obter bons resultados usando a mesma mistura de tinta e diluente usada para papel, mas aconselho que deixe a tinta secar completamente, por duas a três semanas, e só lave a peça à mão.

Para imprimir em tecidos que precisarão ser lavados com frequência – como toalhas de mesa –, use tintas para serigrafia em tecido. Use Tinta acrílica com o diluente para Tinta acrílica correspondente se for lavar a peça à mão.

- Quando estiver misturando cores para imprimir, verifique se tem cor suficiente para uma sessão inteira de impressão; costumo misturar um pouco mais do que o necessário quando estou misturando uma cor específica. Se sobrar alguma cor, coloque-a em um recipiente de plástico hermético (pode ser um pote de iogurte coberto com filme de PVC) e ela se conservará por algumas semanas.

- A emulsão é uma espécie de tinta líquida específica para desenho com pincel na tela de serigrafia caseira. Há muitos tipos de emulsão para desenho em tela, e todos eles funcionarão com quaisquer líquidos bloqueadores de tela*.

- Há muitos tipos de líquidos bloqueadores de tela. Alguns requerem o uso de um removedor de emulsão; mas, na maioria dos projetos deste livro utilizamos apenas água.

---

* As emulsões para desenho em tela (*drawing fluid*) e os líquidos bloqueadores de tela (*liquid screen filler*) são soluções que facilitam fazer serigrafia em casa. Ambos não estão disponíveis no Brasil, mas podem ser comprados on--line, principalmente em kits da marca Speedball (p. 141).

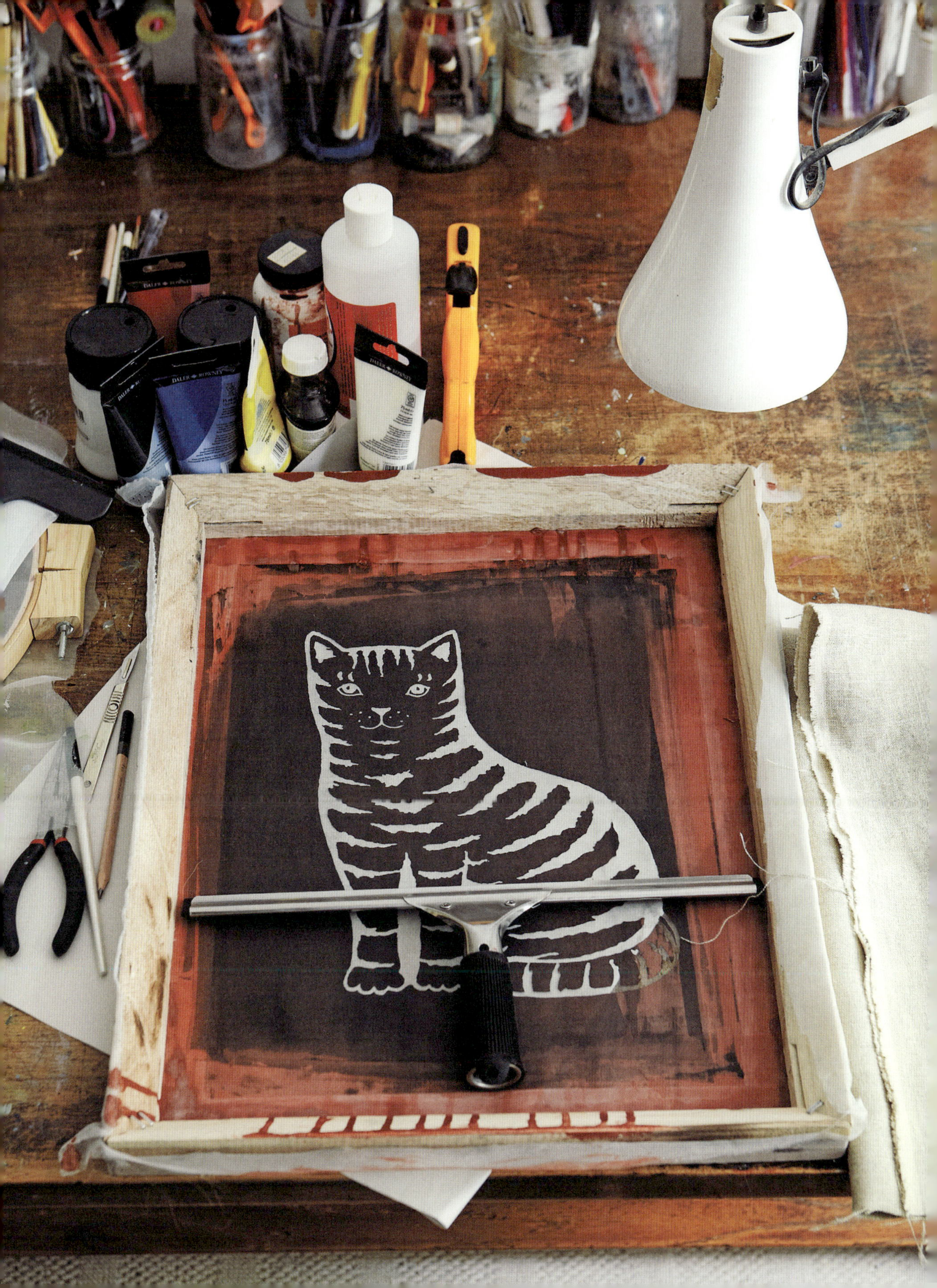

PREPARE A TELA

1. Retire a tela da moldura
Arranque a tela da moldura, removendo os grampos que sobrarem com o alicate, tomando cuidado para não tirar nenhum grampo da estrutura da moldura. Ou use uma faca para remover os grampos, afrouxando-os com um movimento de alavanca.

2. Prepare o náilon
Corte o náilon para serigrafia 8-10 cm mais largo do que a moldura. Prenda-o do lado de fora da moldura; caso ela tenha a beirada chanfrada em um dos lados, prenda-o no lado oposto liso. Para fazer isso, ponha a moldura em pé sobre uma superfície lisa e coloque o náilon sobre a beirada de cima; a beirada do náilon deve ficar nivelada com a da moldura, e deve haver uma borda de 4-5 cm em toda a volta.

3. Grampeie o náilon na moldura
Grampeie o náilon na moldura, começando do meio da borda de cima. **(a)** Grampeie cada lado a partir do grampo do meio e depois os cantos, usando cerca de cinco grampos no total. Gire a moldura 180 graus e grampeie o náilon à borda de baixo da moldura, mantendo-o esticado enquanto grampeia. Em seguida, vire a moldura de lado e grampeie do mesmo modo, mantendo o tecido sempre esticado. Quando for grampear o último lado da moldura, puxe bem firme o tecido, com cuidado para não rasgá-lo.

4. Verificação e finalização da moldura
O náilon deve estar bem esticado na moldura, como a superfície de um tambor. Isso influenciará no resultado das impressões. Se houver tecido frouxo, puxe-o e grampeie firme, e então dobre os quatro cantos do náilon por cima e os grampeie bem nos cantos da moldura. **(b e c)**

5. Antes de começar a impressão
Quando a tela estiver preparada, você deve familiarizar-se com o processo de impressão antes de começar o projeto. Brinque com os estênceis e a emulsão usando diferentes pincéis para descobrir as marcas e os efeitos que consegue obter. Deve também praticar a aplicação do líquido bloqueador na sua tela. A cada novo projeto, imprima alguns testes no papel para verificar se tudo está correto antes de começar de fato.

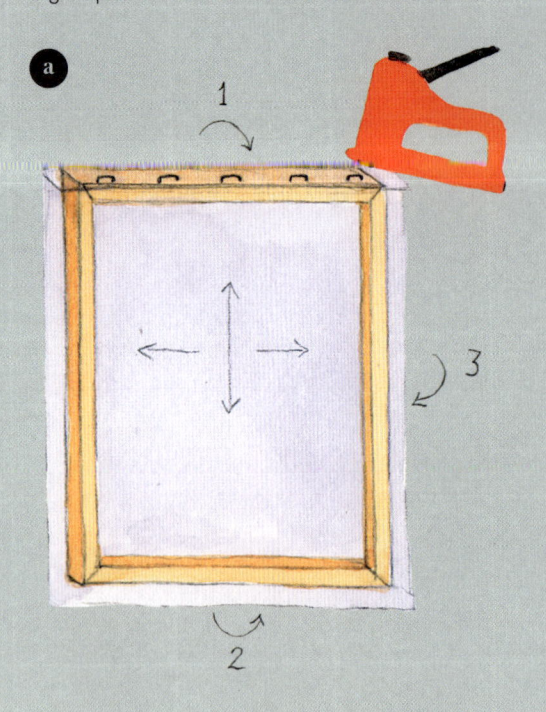

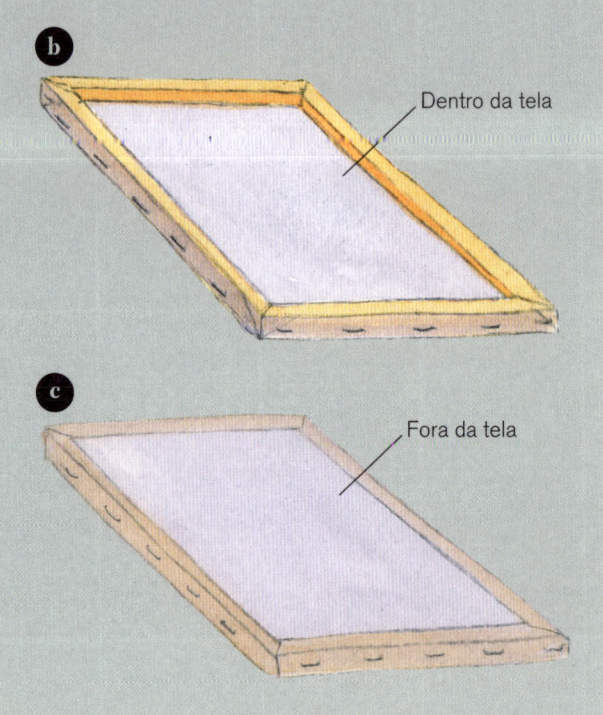

PROJETO...

PANO DE PRATO COM GALO
serigrafia com estêncil

Nessa introdução à serigrafia utiliza-se estêncil, portanto, não há necessidade de líquido bloqueador de tela ou de emulsão para desenho em tela. Estênceis recortados são simples e refinados, e embora os usados em serigrafia sejam tradicionalmente feitos de papel, descobri que plástico adesivo (tipo Contact) resulta em um estêncil mais durável e resistente, além de necessitar de menos tinta. Vale a pena experimentar desenhos bem simples, como uma maçã ou números, para familiarizar-se com o processo antes de começar o projeto.

MATERIAIS

Folha de papel vegetal A3

Lápis 3B

Lápis 5H

Plástico adesivo (tipo Contact) tamanho A3

Estilete de precisão

Base de corte

Tela de impressão feita em casa de 40 cm x 50 cm (pp. 96-8)

Fita-crepe para pintura

Jornal

Papel kraft

Panos de prato de algodão preparados para impressão (p. 11)

Tinta acrílica – vermelha e amarela; ou tinta para serigrafia em tecido – vermelho-cádmio

Diluente de tinta para tecido (se usar tintas acrílicas)

Pincel de cerdas com cabeça redonda

Pote pequeno para misturar as tintas

Papel-cartão

Colher de sobremesa

Rodo de limpar janela com cerca de 35 cm de largura

Ferro e tábua de passar roupa

Papel-toalha

GRAU DE DIFICULDADE
Médio

MOLDES
Galo (parte interna da contracapa), ampliado em 200%

DICA
Bons resultados são obtidos ao usar tinta acrílica misturada com diluente de tinta para tecido, mas espere de duas a três semanas para a tinta secar, e só lave os panos de prato à mão.

a

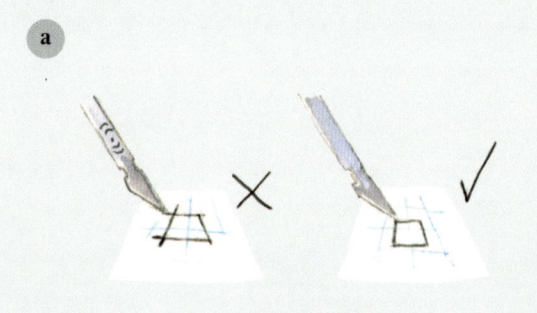

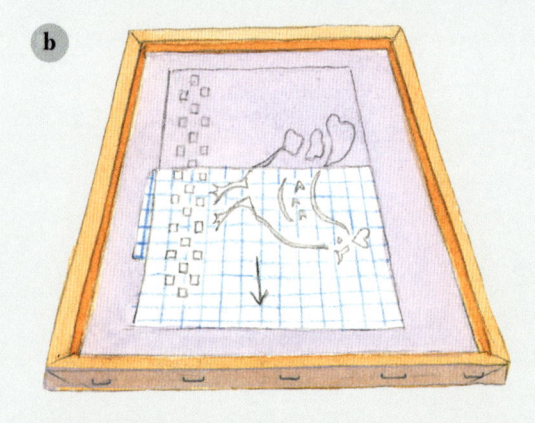

b

COMO FAZER

1. Decalque o desenho
Amplie o molde do galo; decalque e transfira o desenho para o papel vegetal (p. 10), estendendo o padrão axadrezado do molde para se ajustar à largura dos seus panos de prato, mas deixando uma borda de 1 cm no papel vegetal dos dois lados do xadrez. Centralize a imagem decalcada no papel protetor que fica no verso do plástico adesivo (tipo Contact), deixando uma borda em toda a volta da imagem e transfira o desenho.

2. Recorte o desenho
Recorte o estêncil com o estilete sobre a base de corte; é preciso ter muita concentração ao recortar o estêncil para cortar dentro das linhas traçadas (na impressão, a tinta pode passar através de cortes feitos além das linhas). **(a)**

3. Cole o estêncil na tela
Com o estêncil recortado, verifique se ele se encaixa centralizado na parte interna da tela com bordas de 2,5 cm ou mais nas beiradas. Coloque a tela sobre uma superfície lisa e limpa. Pegue o estêncil e retire 2,5 cm do papel protetor do verso; alinhe a beirada de cima centralizada na parte interna da tela e cole. Delicadamente remova o papel protetor restante **(b)**, alisando de leve o estêncil à medida que puxa o papel. O plástico adesivo tende a enrolar, por isso remova o papel protetor devagar e, se formar rugas, levante-o e reposicione-o cuidadosamente. Quando o estêncil já estiver no lugar, alise firmemente o plástico adesivo sobre a tela. Sob luz forte, verifique se ficou liso, desfazendo quaisquer ondulações (as rugas deixariam a tinta passar, estragando o desenho). Se for preciso, alise o plástico adesivo com uma espátula ou régua para deixar a superfície bem uniforme.

4. Faça a máscara para a tela
Aplique tiras compridas de fita-crepe ao longo de cada lado do estêncil, de suas beiradas até a moldura da tela, preenchendo o espaço vazio; dobre a fita em ângulos retos para a vedação junto da madeira. **(c)** Gire a tela e faça a máscara nas beiradas de fora da tela para evitar que a tinta vaze durante a impressão.

5. Prepare a área de impressão
Espalhe algumas folhas de jornal sobre uma superfície lisa e nivelada, como uma mesa de cozinha, prendendo-as no lugar com fita-crepe. Dependendo de quantos panos de prato pretenda fazer, corte várias folhas de papel kraft do tamanho deles, para que a tinta não passe dos panos para outras superfícies. Ponha o primeiro pano de prato com o lado direito virado para cima sobre um dos pedaços de papel kraft e deixe os dois na horizontal sobre a superfície de trabalho, alisando as rugas com a palma da mão. Crie registros sobre o jornal, marcando as beiradas do pano com lápis ou fita-crepe. Posicione a tela de impressão voltada para baixo sobre o alto do pano, na vertical, de tal modo que o desenho fique a 2,5-4 cm da beirada de baixo do pano de prato, com um espaço uniforme em cada ponta do padrão xadrez. Crie mais

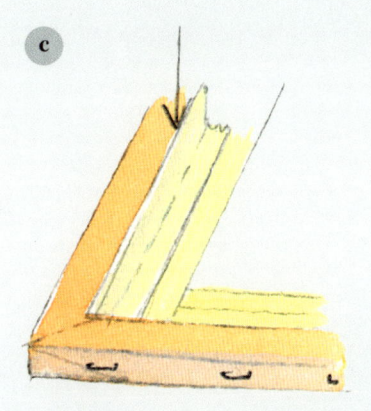

marcas de registro no jornal, marcando as beiradas da tela com lápis ou fita-crepe.

6. Prepare as tintas de impressão
Se estiver usando tinta acrílica, crie o vermelho-cádmio misturando a tinta vermelha com a amarelo-limão. Misture a cor formada com uma quantidade semelhante de diluente de tinta acrílica para tecido.

7. Faça um teste de impressão
Vale a pena fazer um teste sobre papel-cartão para verificar se a impressão sairá correta. Depois de ter criado as marcas de registro para impressão, retire o pano de prato e substitua-o por um pedaço de papel. Faça o teste seguindo as instruções para impressão do passo 8. Quando a imagem estiver do seu gosto, imprima os panos de prato.

8. Estampe a imagem
Com a colher, derrame a tinta escolhida dentro da tela de impressão 2,5 cm acima do alto da imagem, criando um reservatório retangular com 2,5 cm de altura e com a mesma largura da imagem. Com uma das mãos, pressione a beirada de cima da tela. Posicione o rodo atrás da tinta, de modo que ela seja passada pela imagem inteira. Traga o rodo em sua direção, puxando a tinta sobre o estêncil (como se estivesse limpando uma janela). **(d)** Quando chegar no final da tela, verifique se a imagem toda foi impressa. Se não tiver sido, acrescente um pouco mais de tinta ao alto da tela e repita o processo. Levante o rodo, passando qualquer sobra de tinta da lâmina dele para o pote de mistura de tintas, e apoie-o de costas sobre o jornal, bem longe do pano de prato.

9. Levante a tela
Delicadamente, levante a tela e apoie-a sem deixar que pingue tinta. Levante o pano de prato com cuidado e o papel kraft e estenda-os em superfície lisa para secar. Não deixe o pano de prato dobrar sobre si mesmo para evitar que a tinta e o desenho sejam transferidos para outras partes do tecido. Repita o processo de impressão de acordo com sua programação; com a mesma tela, deve ser possível estampar até vinte panos de prato. Se achar que alguma tinta está se infiltrando no estêncil, vire a tela e empurre a tinta para o outro lado, fora de qualquer ondulação. Faça isso sobre um pedaço de papel separado a fim de limpar a tela, depois continue estampando desse lado contrário sobre a ponta oposta do pano de prato. Quando as impressões secarem, fixe a tinta passando com o ferro em temperatura média (p. 11).

10. Limpe a tela
Assim que acabar a estamparia, remova a fita-crepe e o estêncil e limpe a tela e o rodo – é mais fácil fazer isso no tanque ou numa banheira (usando o chuveirinho), mas lave imediatamente o local depois disso para evitar que manche. Seque a tela com papel-toalha ou deixe-a secar ao ar livre se o tempo estiver seco.

SACOLA COM FITA E PÁSSARO AZUL
serigrafia com estêncil e proteção de cera

Esse é um modo fácil e eficiente de estampar – e é algo com que as crianças se envolvem. A técnica combina o estêncil com um desenho feito com giz de cera, que age como vedação para a tinta. Os resultados são muito atraentes – o pássaro parece ter sido aplicado ao tecido.

Desenhei uma silhueta de pássaro simples, mas você pode criar todo tipo de desenho básico usando a mesma técnica, como estrelas, flores, frutas, barcos e aviões.

O mais importante dessa técnica é garantir que o estêncil esteja bem grudado à tela e que o desenho com giz de cera seja sólido e preencha a trama da tela para criar uma vedação adequada.

MATERIAIS

Papel vegetal A4

Lápis 3B

Lápis 5H

Plástico adesivo (tipo Contact) tamanho A3

Estilete de precisão

Base de corte

Tela de impressão feita em casa de 40 cm x 50 cm (pp. 96-8)

Papel de rascunho

Giz de cera amarelo, branco ou outro de cor clara

Fita-crepe para pintura

Jornal

Papel kraft

Algodão branco ou creme de gramatura média (1,5 m, cortado em pedaços de tamanho igual para fazer 3-4 sacolas de cordão, dependendo do tamanho), preparado para impressão (p. 11)

Tinta acrílica para tecido – um pouco de tinta vermelha, azul-cobalto, uma pequena quantidade da amarelo-limão e branca

Pincel de cerdas com cabeça redonda

Diluente de tinta acrílica para tecido

Pote pequeno para misturar as tintas

Papel-cartão

Colher de sobremesa

Rodo de limpar janela com cerca de 35 cm de largura

Ferro e tábua de passar roupa

Papel-toalha

Máquina e linha de costura

GRAU DE DIFICULDADE
Fácil

MOLDE
Pássaro azul (p. 134), ampliado em 200%

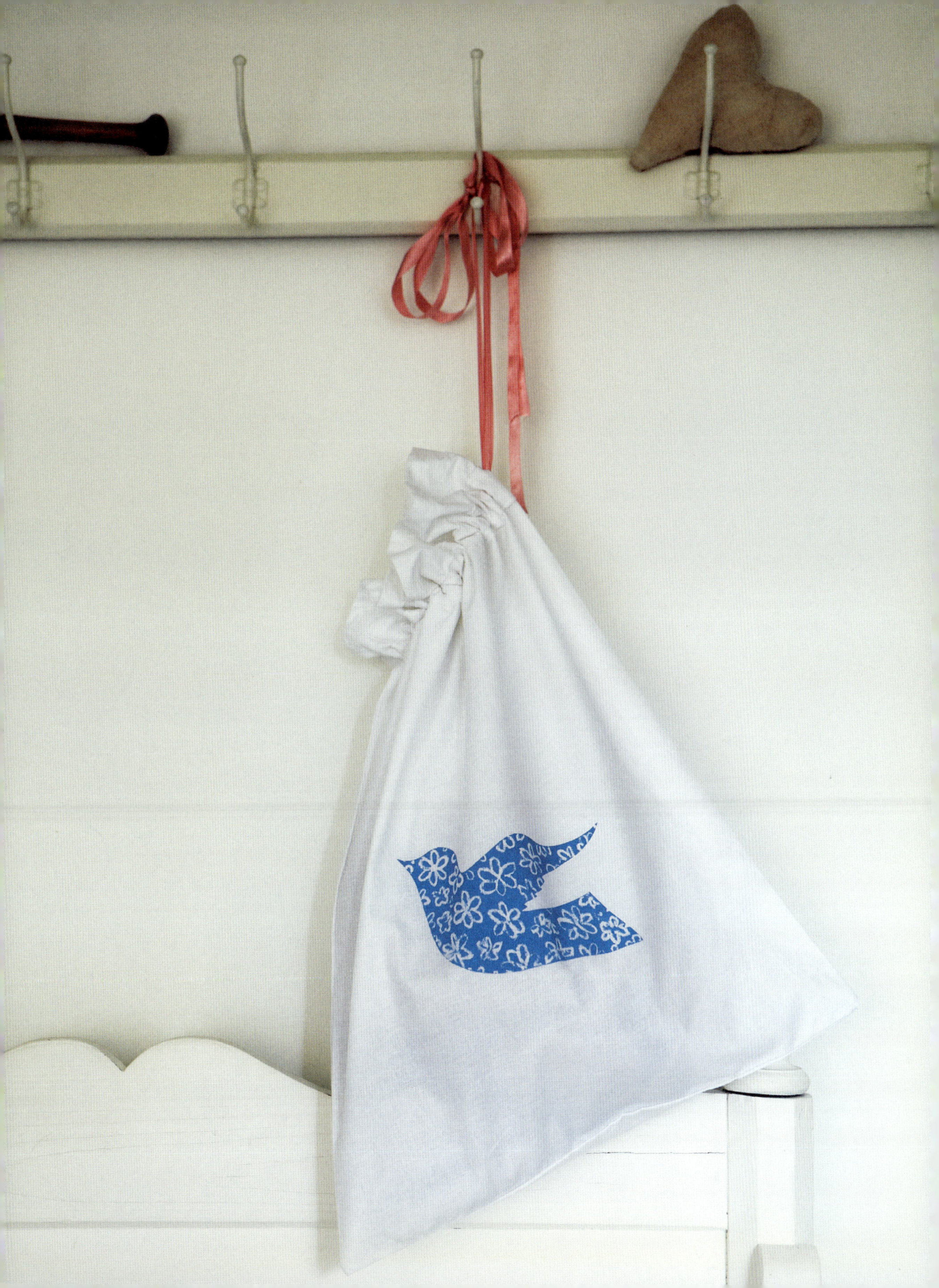

COMO FAZER

1. Decalque o desenho
Amplie o molde do pássaro azul, decalque e transfira o desenho centralizado sobre o verso do plástico adesivo (p. 10).

2. Recorte o desenho
Recorte o estêncil com o estilete sobre a base de corte; é preciso ter muita concentração ao recortar o estêncil para cortar dentro das linhas traçadas (na impressão, a tinta pode passar através de cortes feitos além das linhas).

3. Cole o estêncil na tela
Com o estêncil recortado, verifique se ele se encaixa centralizado na parte interna da tela com bordas de 2,5 cm ou mais nas beiradas. Coloque a tela sobre uma superfície lisa e limpa. Pegue o estêncil e retire 2,5 cm do papel de proteção do verso; alinhe a beirada de cima centralizada na parte interna da tela e cole. Delicadamente, remova o restante do papel de proteção do verso, alisando de leve o estêncil à medida que puxa o papel. O plástico adesivo tende a enrolar, por isso remova o papel de proteção devagar. Se formar rugas, levante e reposicione o plástico cuidadosamente. Quando o estêncil já estiver no lugar, alise firmemente o plástico sobre a tela. Sob luz forte, verifique se ficou liso, desfazendo quaisquer ondulações (as rugas deixariam a tinta passar, estragando o desenho).

4. Desenhe as flores
Pratique desenhando algumas flores simples no papel de rascunho com o giz. Quando se sentir confiante, desenhe as flores na tela exposta dentro do estêncil de pássaro. **(a)** Comece desenhando uma flor onde ficará o olho do pássaro, já que o centro da flor representará o olho. Ao desenhar com o giz, pressione bem firme, porque as linhas de cera devem ser grossas para agir efetivamente como vedação. Cuidado para não mexer na beirada do estêncil. Siga mais ou menos o desenho do molde da p. 134 como guia para posicionar as flores. De vez em quando, segure a tela contra a luz para verificar se as linhas das flores não estão porosas. Se estiverem, reforce-as. Descobri que é mais fácil desenhar se o giz estiver apontado.

5. Prepare a tela para imprimir
Quando terminar de desenhar as flores, escove para tirar as aparas de giz da tela e da superfície de trabalho e verifique se as beiradas internas do estêncil continuam firmes no lugar. Aplique tiras compridas de fita-crepe ao longo de cada lado do estêncil, de suas beiradas até a moldura da tela, preenchendo o espaço vazio; dobre a fita em ângulos retos para a vedação junto da madeira. Gire a tela e faça a máscara nas beiradas de fora da tela para evitar que a tinta vaze durante a impressão.

6. Prepare a área de impressão
Espalhe folhas de jornal sobre uma superfície lisa e nivelada, prendendo-as no lugar com fita-crepe. Dependendo de quantos painéis pretenda fazer, corte várias folhas de papel kraft do tamanho deles, para evitar que a tinta passe dos painéis para outras superfícies. Ponha o primeiro painel com o lado direito virado para cima sobre um pedaço de papel kraft e coloque os dois horizontalmente sobre a superfície de trabalho, alisando as rugas com a palma da mão. Crie marcas de registro sobre o jornal, marcando as beiradas do painel com lápis ou fita-crepe. Posicione a tela de impressão voltada para baixo sobre o painel, verticalmente, de tal modo que o desenho fique com uma borda grande na parte de baixo do painel e uma borda uniforme nos lados. Crie mais marcas de registro no jornal, marcando as beiradas da tela.

7. Prepare a tinta de impressão
Com a tinta acrílica, crie a tinta azul-céu misturando um pouco da vermelha com a azul-cobalto e uma pequena quantidade das tintas amarelo-limão e branca. Misture com a mesma quantidade de diluente de tinta para tecido.

8. Faça um teste de impressão
Vale a pena fazer um teste sobre papel-cartão para verificar se a impressão sairá correta. Depois de ter criado as marcas de registro para impressão, retire o painel e o substitua por um pedaço de papel. Faça o teste seguindo as instruções para impressão do passo 9. Se a vedação de cera ainda não estiver

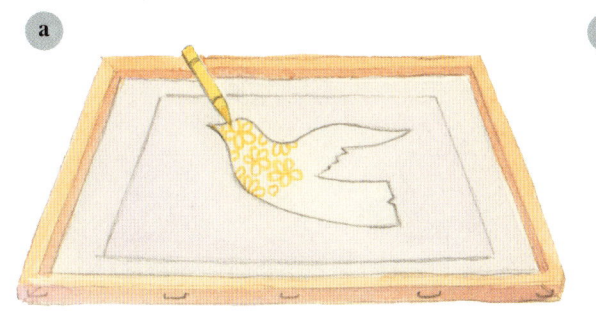

suficientemente forte, passe o rodo sobre a moldura até remover o tanto de tinta que for possível sem prejudicar a imagem e reforce as áreas porosas do desenho com o giz de cera até cobri-las. Quando a imagem estiver do seu gosto, imprima o tecido.

9. Estampe a imagem
Derrame a tinta escolhida com a colher dentro da tela de impressão, 2,5 cm acima do alto da imagem, criando um reservatório retangular com 2,5 cm de altura e a mesma largura da imagem. É importante que haja tinta suficiente para passar o rodo só uma vez para cada impressão, ou a vedação pode não se manter. Com uma das mãos, pressione a beirada de cima da tela. Posicione o rodo atrás da tinta, de modo que ela seja passada pela imagem inteira. Traga o rodo em sua direção, sem usar muita força, puxando a tinta sobre o estêncil. **(b)** Se achar que parte da imagem não foi impressa, avalie os riscos de passar tinta sobre o estêncil novamente e acabar preenchendo o desenho. Se decidir passar o rodo, ponha um pouco de tinta na lâmina dele e passe levemente sobre a área. Levante o rodo, passando qualquer sobra de tinta da lâmina para o pote para misturar tintas, e apoie-o de costas sobre o jornal.

10. Levante a tela
Quando terminar de imprimir, segure o canto do tecido para baixo enquanto levanta a tela delicadamente, porque o tecido pode grudar nela. Tire a tela e apoie-a sem deixar que pingue tinta. Levante o painel de tecido e o papel kraft e estenda-os em superfície lisa para secar. Não deixe o painel dobrar sobre si mesmo para que a tinta e o desenho não sejam transferidos para outras partes do tecido. Repita o processo de impressão sobre um novo painel. Quando as impressões secarem, fixe a tinta passando com o ferro em temperatura média (p. 11).

11. Limpe a tela
Assim que acabar a impressão, remova a fita-crepe e o estêncil e limpe a tela e o rodo. Use um produto de limpeza para banheiro e uma esponja para limpar o giz de cera, cuidando para não danificar a trama do náilon e seque a tela com papel-toalha ou deixe-a ao ar livre se o tempo estiver seco.

12. Costure a sacola
Posicione lado direito com lado direito, alfinetando as duas laterais e o fundo dos painéis com uma barra de 1 cm e costure nessa marca. Vire o lado direito da sacola para fora. Corte outra tira de tecido com 5 cm de altura e comprimento 5 cm maior que o da circunferência da sacola. Faça a barra de cada beirada da tira e alfinete 5 cm abaixo da beirada do alto da sacola – a fita passará por aí. Costure a parte de cima e a de baixo da tira, mas deixe abertos os dois lados das costuras. Passe um alfinete de segurança preso a 1 m de fita rosa pelo canal até aparecer na outra extremidade. Amarre as duas pontas e apare-as em ângulo.

PROJETO...

ALMOFADA COM GATINHO
serigrafia com emulsão para desenho

A emulsão para desenho é um ótimo diluente para criar imagens. Você pode ser ao mesmo tempo preciso e expressivo ao imprimir e, por causa da durabilidade do líquido bloqueador de tela, pode produzir muitas imagens – e em várias cores. A combinação do preto com o linho cru realmente dá certo. A simplicidade dessa almofada permite que ela fique bem na maioria dos ambientes. Estampei em painéis pré-cortados de linho, que depois transformei em capas-envelope de almofadas; outra alternativa é usar capa de almofada pronta, sacola ou pano de prato. Pode-se também experimentar imprimir em papel-cartão de boa qualidade para criar uma gravura – ficaria ótima num vermelho queimado ou azul-celeste!

DICA
Se achar que a imagem não está imprimindo adequadamente, coloque algumas folhas de papel a mais debaixo do tecido para que ele tenha um contato mais próximo com a tela.

MATERIAIS

Tela de impressão feita em casa de 40 cm x 50 cm (pp. 96-8)

Lápis 3B

Papel kraft

Pincel nº 1 fino, de cerdas redondas

Emulsão para desenho em tela (p. 96)

Líquido bloqueador de tela (p. 96)

Rodo de limpar janela com cerca de 35 cm de largura

Pincel nº 5 médio, de cerdas redondas

Fita-crepe para pintura

Ferro a vapor e tábua de passar

Papelão ou papel grosso cortado para encaixar dentro das capas da almofada (se usar almofada pronta)

Tinta acrílica ou tinta para serigrafia em tecido – preta

Diluente de tinta acrílica para tecido (se estiver usando tinta acrílica)

Jornal

1 m de linho cru para fazer uma almofada de 45 cm x 45 cm. Ou, em vez de costurar o tecido, compre capas de linho prontas.

Papel-cartão

Colher de sobremesa

Pote pequeno, para misturar a tinta

Máquina e linha de costura

GRAU DE DIFICULDADE
Médio

MOLDE
Gatinho (p. 135), ampliado em 200%

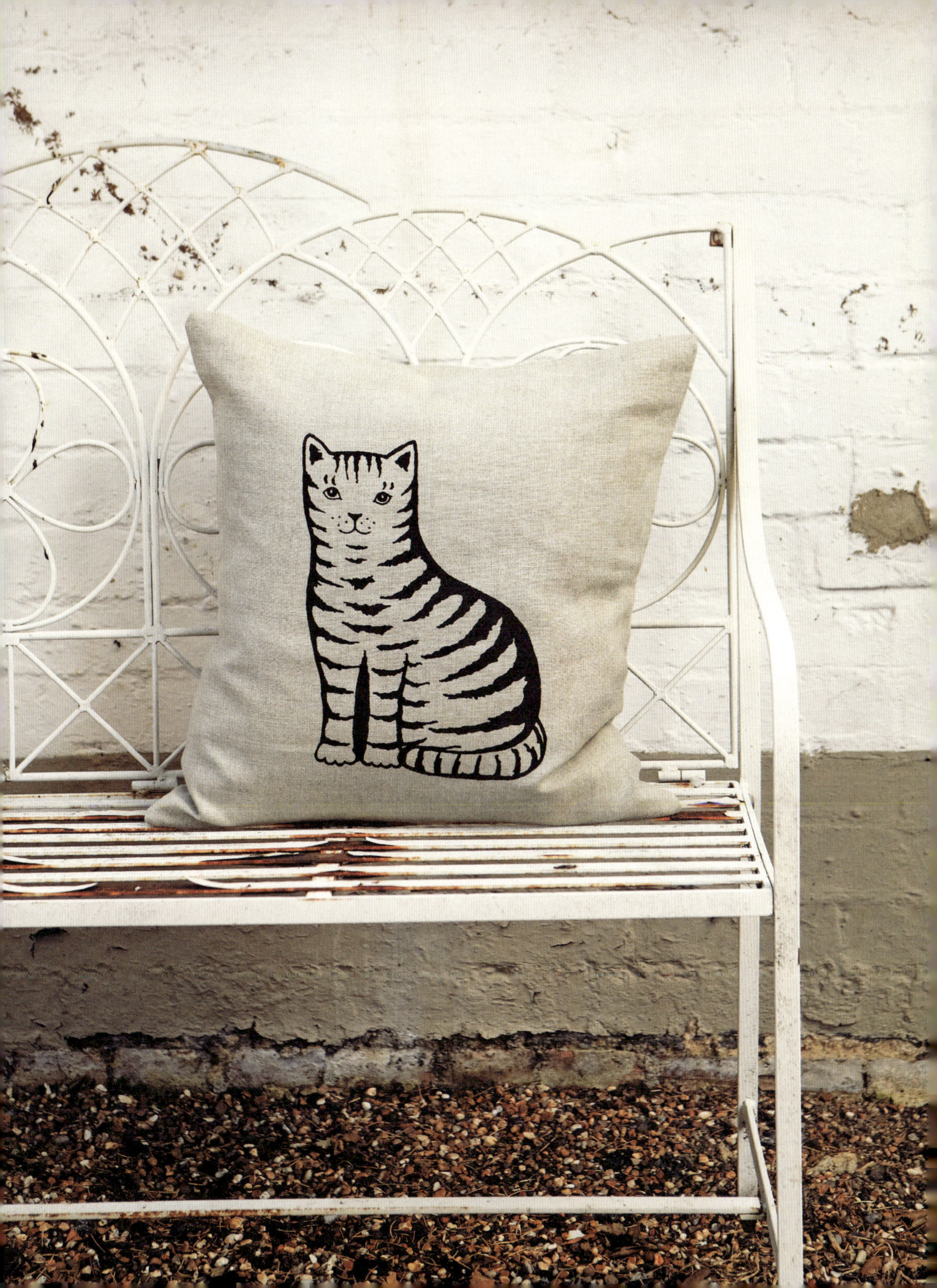

COMO FAZER

1. Decalque a imagem
Amplie o molde do gatinho (p. 135). O náilon deve estar bem esticado sobre a tela preparada. Coloque a tela virada para baixo em posição centralizada em cima da imagem do gato. Decalque em volta do gato com o lápis 3B sobre o verso de náilon da tela. **(a)**

2. Pinte a imagem
Coloque um pedaço de papel kraft sobre a superfície de trabalho e vire a moldura sobre ele; você verá o desenho a lápis no lado de fora do náilon. Com o pincel fino, pinte o gato do lado de fora da tela com a emulsão para desenho; não apoie no náilon para não laceá-lo. **(b)** Deixe a imagem secar por algumas horas.

3. Aplique o líquido bloqueador de tela
Quando a imagem estiver seca, agite o vidro do bloqueador de tela e aplique uma linha 2,5 cm acima do alto da imagem, criando um reservatório retangular com 2,5 cm de altura e 2,5 cm a mais de largura em cada lado em relação à imagem. Posicione o rodo atrás do bloqueador de tela, de modo a passá-lo pela imagem inteira quando for puxado sobre a tela. Leve o rodo em sua direção com um movimento só, puxando o bloqueador sobre o desenho do gato **(c)** – não volte atrás sobre a imagem! Se restar resíduo de bloqueador nos lados, leve-o às áreas de fora que não foram cobertas. Deixe a tela secar em posição horizontal e lave o rodo.

4. Remova a emulsão para desenho
Quando a tela estiver seca, lave a emulsão para desenho com água fria (de preferência, numa banheira com um chuveirinho ou no tanque) para revelar a imagem do gato na tela. Deixe a tela secar mais uma vez. Verifique se não há furos no bloqueador na tela, segurando-a contra a luz; preencha os furos que houver usando um pincel médio com o bloqueador e deixe secar novamente.

5. Prepare a tela para imprimir
Aplique tiras compridas de fita-crepe ao longo de cada lado da beirada do bloqueador, preenchendo o espaço vazio; dobre a fita-crepe em ângulos retos para a vedação junto da madeira. Gire a tela e faça a máscara nas beiradas de fora da tela para evitar que a tinta vaze durante a impressão.

6. Prepare o tecido
Passe o tecido com ferro a vapor para eliminar qualquer ruga antes da impressão (p. 11). Se estiver imprimindo em almofada pronta, coloque um pedaço de papelão ou papel grosso por dentro para evitar que a tinta vaze através do tecido quando estiver imprimindo.

7. Prepare a tinta de impressão
Se estiver usando tinta acrílica, misture a tinta preta com uma quantidade semelhante de diluente de tinta acrílica para tecido.

c **d**

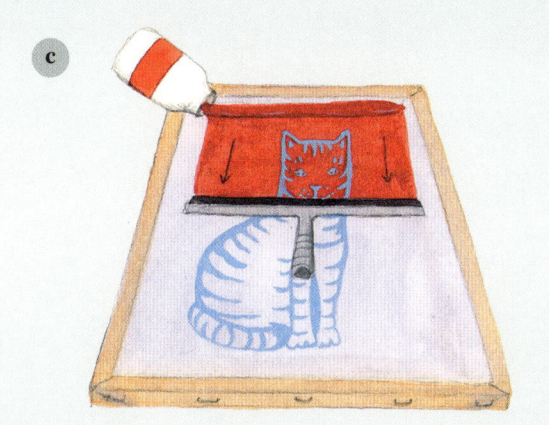

8. Prepare a área de impressão
Espalhe algumas folhas de jornal sobre uma superfície lisa e nivelada, como uma mesa de cozinha, prendendo-as com fita-crepe. Coloque o tecido ou a capa de almofada com o lado direito para cima sobre uma folha de papel kraft aparada e posicione-os na vertical sobre a superfície de trabalho. Coloque a tela de impressão voltada para baixo sobre o tecido, também na vertical, de maneira que o desenho seja impresso centralizado. Crie registros sobre o jornal, marcando as beiradas da tela e do tecido com lápis ou fita-crepe.

9. Faça um teste de impressão
Vale a pena fazer um teste sobre papel-cartão para verificar se a impressão está ficando correta. Depois de ter criado as marcas de registro para impressão, retire o tecido e substitua-o por um pedaço de papel. Faça o teste seguindo as instruções para impressão do passo 10. Quando a imagem estiver do seu gosto, imprima as capas de almofada.

10. Estampe a imagem
Com a colher, derrame a tinta escolhida dentro da tela de impressão, 2,5 cm acima do alto da imagem, criando um reservatório retangular com 2,5 cm de altura e a mesma largura da imagem. Com uma das mãos, pressione a beirada de cima da tela. Posicione o rodo atrás da tinta, de modo que ela seja passada pela imagem inteira. Traga o rodo em sua direção, sem usar muita força, puxando a tinta sobre o estêncil. **(d)** Verifique se a imagem inteira foi impressa olhando a tela bem de perto. Se não tiver certeza, levante delicadamente um dos cantos da tela (sem tirá-la da posição) para ver. Se não foi, adicione um pouco mais de tinta ao alto da tela e repita o processo. Levante o rodo passando qualquer sobra de tinta da lâmina para o pote de mistura de tintas, e apoie o rodo de costas sobre o jornal, bem longe do tecido ou da capa da almofada.

11. Levante a tela
Segure o canto do tecido para baixo enquanto levanta a tela delicadamente, retirando-a. Deixe-a apoiada em alguma coisa e verifique se não está pingando tinta. Levante o tecido e o papel kraft e estenda-os em superfície lisa para secar. Repita o processo sobre outro pedaço de tecido usando um novo pedaço de kraft. Quando as impressões secarem, fixe a tinta passando o ferro em temperatura média (p. 11).

12. Costure a almofada (se for preciso)
Se você imprimiu em pedaços de tecido, use a máquina de costura para transformá-los em almofadas simples.

13. Limpe a tela
Caso queira imprimir a imagem em uma cor diferente, remova a fita-crepe da tela e lave-a com água fria (isso vai remover a tinta, mas não o bloqueador de tela). Deixe a tela secar completamente antes de imprimir.

PROJETO...

CONVITE PARA FESTA INFANTIL
serigrafia em bastidor com emulsão para desenho

Sempre quis ter uma impressora Gocco – um pequeno e completo autossistema de serigrafia colorida que deixou de ser fabricado há alguns anos. Como eu gosto da ideia de produzir pequenas impressões em quantidade de modo rápido, fácil e com boa relação custo-benefício, criei um método compatível para produzir convites e cartões – e os resultados apresentam o toque charmoso de serem feitos à mão. Um dos problemas com alguns dos líquidos bloqueadores de tela é que eles são difíceis de remover sem limpadores químicos, mas o uso do bastidor dispensa essa operação, porque o tecido pode ser retirado facilmente e agitado para auxiliar a limpeza.

GRAU DE DIFICULDADE
Fácil

MOLDE
Gato com gatinho (p. 136), ampliado em 141%

MATERIAIS
Náilon fosco para serigrafia branco ou creme (40 cm de lado)
Bastidor para bordado com parafuso com 30 cm de diâmetro
Lápis 2B
Papel kraft
Cartões A6 lisos, com 15 cm x 11 cm, dobrados para caber em envelopes C6
Fita-crepe
Emulsão para desenho em tela (p. 96)
Pratinho
Pincel nº 1 fino, de cerdas redondas
Líquido bloqueador de tela (p. 96)
Colher de pedreiro ou rodo para limpar janela de até 20 cm de largura; outra alternativa é um cartão de crédito velho
Pincel nº 5 médio, de cerdas redondas
Tinta acrílica – vermelha, azul-ultramar, amarelo-limão e branca
Diluente de tinta acrílica para tecido
Colher de sobremesa
Pote pequeno para misturar as tintas
Faca
Envelopes C6 (114 mm x 162 mm)

COMO FAZER

1. Decalque a imagem
Amplie o molde do gato com gatinho (p. 136). Coloque o quadrado de náilon no bastidor e aperte o parafuso dele, puxando bem o tecido para que fique esticado como um tambor. Ponha o bastidor virado para baixo, centralizado sobre o desenho dos gatos, de modo que a trama do náilon corra paralelamente ao desenho. Decalque o desenho sobre o tecido com o lápis 2B macio. **(a)**

2. Prepare a área de impressão
Coloque uma folha de papel kraft sobre uma superfície de trabalho lisa e nivelada, como uma mesa de cozinha,

e posicione o cartão aberto sobre o papel kraft, com a parte da frente para o lado direito. Crie registros no papel kraft marcando os cantos do cartão com fita-crepe. Posicione o bastidor sobre o cartão, de modo que o desenho fique centralizado na frente do cartão. Crie mais marcas de registro no papel kraft desenhando em volta do bastidor com o lápis. **(b)**

3. Pinte o desenho
Vire o bastidor para que ele fique com o lado de fora para cima. Despeje um pouco da emulsão para desenho no pratinho. Mergulhe o pincel fino na emulsão e passe-o na beirada do prato para tirar o excesso. Com mão firme, pinte o desenho com a emulsão; tente não forçar o náilon organza para

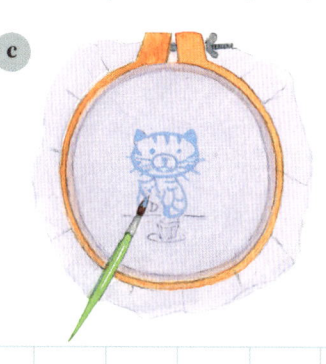

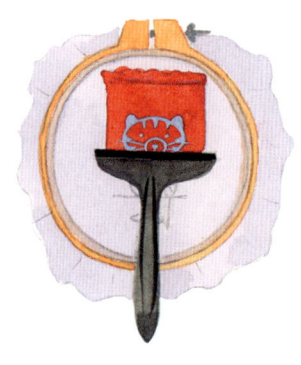

não laceá-lo. Reforce as partes da imagem que estiverem finas ou porosas. **(c)** Deixe secar.

4. Aplique o líquido bloqueador de tela

Quando a imagem estiver seca, agite o vidro do bloqueador de tela e despeje uma linha 2,5 cm acima do alto da imagem, criando um reservatório retangular com 2,5 cm de altura e 2,5 cm mais largo do que cada lado da imagem. Leve o rodo em sua direção com um movimento só, puxando o bloqueador sobre o desenho dos gatos **(d)** – não volte atrás sobre a imagem! Se restar resíduo do bloqueador nos lados, leve-o às áreas de fora que não foram cobertas, cuidando para que não entre em contato com a imagem central – se houver acúmulo, poderá cobrir a emulsão para desenho. Deixe a tela secar em posição horizontal e lave o rodo.

5. Remova a emulsão para desenho

Quando a tela estiver seca, lave a emulsão para desenho com água fria (de preferência, numa banheira com um chuveirinho) para revelar a imagem dos gatos na tela. Deixe a tela secar mais uma vez. Verifique se não há furos no bloqueador segurando a tela contra a luz; preencha os furos que houver usando um pincel médio com o bloqueador e deixe secar novamente.

6. Prepare a tela para imprimir

Com a fita-crepe, cubra uma borda larga de cada lado da imagem para evitar infiltração de tinta durante a impressão. Faça a mesma coisa no lado inverso da tela.

7. Prepare as tintas de impressão

Crie a tinta laranja misturando a vermelha com a amarelo--limão e um pouco da branca. Crie a tinta verde misturando a azul-ultramar com a amarelo-limão e um pouco da branca. Adicione quantidade semelhante de diluente de tinta acrílica a cada cor obtida.

8. Estampe a imagem

Posicione o cartão dentro das marcas de registro no papel kraft, depois coloque o bastidor virado para baixo sobre o cartão. Derrame a tinta escolhida com a colher dentro da tela de impressão, 2,5 cm acima do alto da imagem, criando um reservatório retangular com 2,5 cm de altura e a mesma largura da imagem. Segure firme o bastidor com uma das mãos e com a outra puxe delicadamente a tinta sobre a imagem com o rodo. **(e)** Levante o bastidor, remova o cartão, pegue outro e repita o processo. Se a imagem não tiver sido completamente impressa, talvez precise de mais tinta. Se a imagem estiver borrada, o rodo deve ter sido passado com muita pressão. Se juntar muita tinta na parte de baixo do bastidor, raspe-a com a faca e leve-a para a parte de cima. Imprima quantos cartões desejar. Se a imagem começar a ficar preenchida, lave a tela, remova e substitua a fita-crepe assim que ela secar, e recomece a imprimir.

9. Limpe a tela

Para limpar o náilon, retire-o do bastidor e mergulhe-o em água morna com sabão, agitando-o intermitentemente para remover a tinta e o bloqueador de tela. Enxágue e deixe secar. Quando os cartões estiverem secos, escreva sua mensagem e coloque-os nos envelopes. Estão prontos para serem enviados!

PROJETO...

CAMISETA COM AVIÃO
serigrafia com três cores

A serigrafia é muitas vezes associada com imagens gráficas simplificadas. Estampei essa camiseta divertida para meu filho, que adora fazer aeromodelos. É uma forma excelente de fazer uma leva de camisetas com o mesmo motivo.

Esse projeto ensina como construir uma imagem, combinando o fundo branco da camiseta com as três cores impressas. Processos diferentes de serigrafia podem ser combinados para criar uma imagem.

MATERIAIS

Tela para impressão feita em casa de 40 cm x 50 cm (pp. 96-8)

Caneta marcadora permanente

Lápis 3B

Lápis 5H

Papel vegetal A3

Plástico adesivo (tipo Contact) tamanho A3

Estilete de precisão

Base de corte

Fita-crepe

Papelão ou papel grosso cortado para caber dentro da camiseta

Papel kraft

Camisetas brancas e lisas, preparadas para impressão (p. 11)

Tinta acrílica ou tinta para serigrafia em tecido – vermelha, azul-ultramar, amarelo-limão, preta e branca

Diluente de tinta acrílica para tecido

Colher de sobremesa

Pote pequeno para misturar as tintas

Rodo de lavar janela com mais ou menos 35 cm de largura

Papel-toalha

Pincel nº 5 médio, de cerdas redondas

Emulsão para desenho em tela (p. 96)

Travessa pequena

Líquido bloqueador de tela (p. 96)

Ferro e tábua de passar

GRAU DE DIFICULDADE
Médio

MOLDE
Avião (p. 136), ampliado em 141%

SERIGRAFIA

113

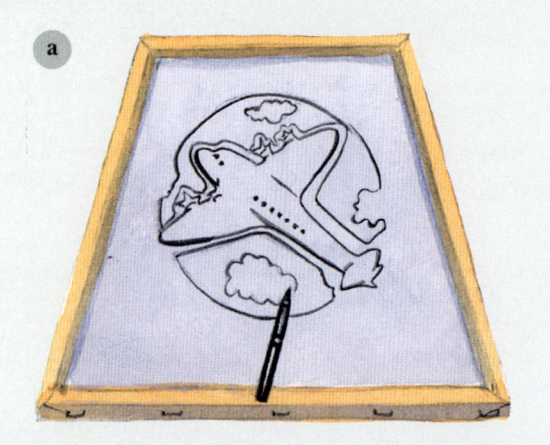

COMO FAZER

1. Decalque a imagem
Amplie o molde do avião (p. 136). Coloque a tela de impressão virada para baixo, centralizada sobre o desenho, e decalque-o sobre o náilon com a caneta marcadora. **(a)** Inclua o contorno de todas as formas, independentemente da cor. Você só poderá usar o náilon uma vez, mas isso vai garantir que as camadas de cor sejam devidamente registradas.

2. Estampe a primeira cor
Decalque a primeira camada de cor – o corpo cinza-claro do avião – e transfira para o papel protetor que fica no verso do plástico adesivo (p. 10). Cuidadosamente, recorte o estêncil com o estilete sobre a base de corte, coloque-o sobre a parte interna da tela, com o verso para baixo, alinhando a forma recortada com a imagem marcada na tela. Quando estiver na posição, puxe com cuidado um canto do papel protetor e grude o plástico para baixo para manter a posição, depois despregue o restante dele, prendendo com firmeza. Aplique tiras compridas de fita-crepe ao longo de cada lado da beirada do bloqueador, preenchendo o espaço vazio; cole a fita-crepe em ângulos retos para a vedação junto da madeira. **(c)** Gire a tela e faça a máscara nas beiradas de fora para evitar que a tinta vaze durante a impressão. Coloque o papelão ou papel grosso por dentro da camiseta para evitar infiltração de tinta no tecido na hora da impressão. Com a fita-crepe, prenda o papel kraft à superfície de trabalho, estenda a camiseta sobre ela e desenhe seu contorno a lápis. Coloque a tela de impressão virada para baixo sobre a camiseta, de modo que o avião fique centralizado na camiseta e crie marcas de registro sobre o papel kraft, marcando as beiradas da tela com fita-crepe. **(b)** Crie a tinta cinza-clara misturando a branca com um pouco da preta, azul-ultramar e amarelo-limão. Misture bem com quantidade semelhante de diluente de tinta acrílica. Com uma colher, despeje a tinta na parte de trás da tela de impressão, 2,5 cm acima do alto da imagem, criando um reservatório retangular com 2,5 cm de altura e a mesma largura da imagem. Posicione o rodo por trás da tinta para que passe sobre a imagem inteira quando puxado sobre a tela. Puxe-o em sua direção em um só movimento, passando a tinta sobre o desenho. **(c)** Cuidadosamente, levante a tela; repita o processo na próxima camiseta se for imprimir mais de uma. Deixe as camisetas secarem.

3. Limpe a tela
Remova a fita-crepe e o estêncil da tela e lave bem na banheira com o chuveirinho ou no tanque, sem espalhar água com tinta para todos os lados. Limpe o local imediatamente para que não fique manchado. Seque a tela com papel-toalha ou deixe-a secar ao ar livre se o tempo estiver seco.

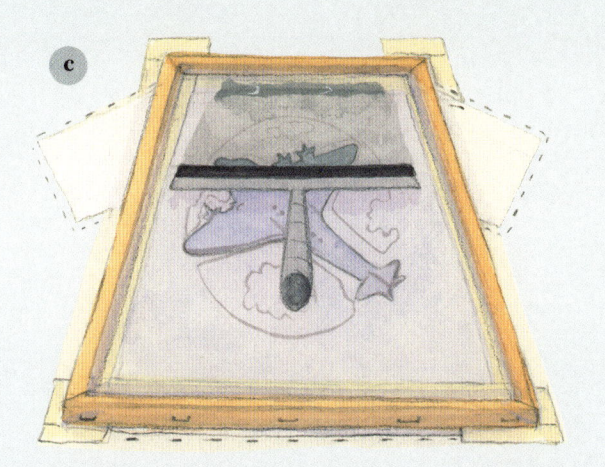

4. Estampe a segunda cor

Pinte a segunda camada de cor – o contorno cinza-escuro do avião – do lado de fora da tela de impressão com a emulsão para desenho e o pincel médio, usando o molde como guia. Quando a imagem estiver seca, agite o vidro do bloqueador de tela e despeje uma linha dele 2,5 cm acima do alto da imagem, criando um reservatório retangular com 2,5 cm de altura e 2,5 cm a mais de largura em cada lado em relação à imagem. Posicione o rodo por trás do bloqueador de tela para passá-lo sobre a imagem inteira ao puxá-lo em sua direção, em um só movimento – não volte passando por cima da imagem! Se houver resíduo do bloqueador nos lados, leve-o às áreas de fora que não foram cobertas. Deixe a tela secar em posição horizontal e lave o rodo. Quando a tela secar, lave a emulsão para desenho (de preferência, numa banheira com um chuveirinho ou no tanque) para revelar a imagem do avião na tela. Deixe a tela secar de novo; preencha os buracos com bloqueador de tela. Com fita-crepe, faça uma máscara protegendo uma borda larga ao longo de cada lado da imagem dos dois lados da tela (passo 5, p. 108). Crie a tinta cinza-escura misturando a tinta azul-ultramar, a preta e a branca com uma quantidade semelhante de diluente de tinta acrílica. Use as marcas de registro no papel kraft para alinhar a primeira camiseta, depois alinhe a tela de impressão do mesmo modo. (Você conseguirá verificar através da tela se está alinhada com a primeira imagem impressa.) Imprima a segunda cor sobre as camisetas usando o mesmo método do passo 2. Dependendo do bloqueador de tela que tiver usado, limpe-o da tela do modo adequado para que restem apenas as marcas de contorno da caneta permanente.

5. Estampe a terceira cor

Pinte a terceira camada de cor – o céu amarelo – no lado de fora da tela de impressão com emulsão para desenho, pontilhando as bordas das nuvens com um pincel seco **(d)** e repita o processo de preparação usando o bloqueador de tela como no passo 4. Crie uma tinta amarelo-ouro misturando a amarelo-limão com a branca e um toque de vermelho. Adicione quantidade semelhante de diluente de tinta acrílica. Alinhe a tela com a imagem impressa e as marcas de registro e imprima como no passo 2. Deixe a camiseta secar. Quando a impressão secar, fixe a tinta com ferro em temperatura média (p. 11).

6. Limpe a tela novamente

Para limpar a tela e o rodo, coloque-os em água morna com sabão, agitando-os intermitentemente para eliminar a tinta. Remova o bloqueador de tela com água ou com o removedor apropriado. Enxágue e deixe secar.

SERIGRAFIA

PROJETO...

ECHARPE DE BORBOLETAS
serigrafia com emulsão fotográfica

A serigrafia com emulsão fotográfica é uma forma mágica para obter linhas finas e detalhes em uma tela de impressão. Mas para fazer isso é preciso investir em um kit de emulsão fotográfica para serigrafia, embora dependendo do tamanho da tela seja possível fazer muitas imagens com ela.

Esse método pode ser usado para imprimir de cartões e panfletos a sacolas e camisetas, e é especialmente indicado para imprimir imagens com dizeres. Pode também ser combinado com dois ou mais processos e cores, ou usado para criar uma imagem com mais profundidade, já que linhas finas e detalhes muitas vezes são os elementos que conseguem integrar a imagem.

Compre echarpes de seda e lenços lisos para fazer suas criações. A echarpe escolhida para esse trabalho é comprida e bem estreita, o que funciona muito bem com o desenho.

DICA
Se não tiver impressora, vá a uma papelaria ou copiadora para fazer a fotocópia da imagem escolhida na transparência.

MATERIAIS

Escâner e impressora, ou fotocopiadora

Folha de acetato compatível com a impressora

Caneta marcadora fina

Luvas de borracha

Avental

Emulsão fotográfica para serigrafia

Sensibilizante para emulsão

Jornal

Secador de cabelo

Tela de impressão feita em casa de 40 cm x 50 cm (p. 98)

Rodo de limpar janela com cerca de 35 cm de largura

Fita-crepe

Lâmina de vidro clara, ligeiramente maior do que a imagem

Luminária articulada com lâmpada clara incandescente de 100 watts

Pincel para estêncil

Líquido bloqueador de tela

Pincel nº 5 médio, de cerdas redondas

Papel-cartão

Papel kraft

Echarpe de seda de 35 cm x 130 cm

Tinta acrílica ou tinta para serigrafia em tecido – preta

Diluente de tinta acrílica para tecido (se for usar tinta acrílica)

Colher de sobremesa

Pote pequeno para misturar a tinta

Ajuda de outra pessoa

Ferro e tábua de passar

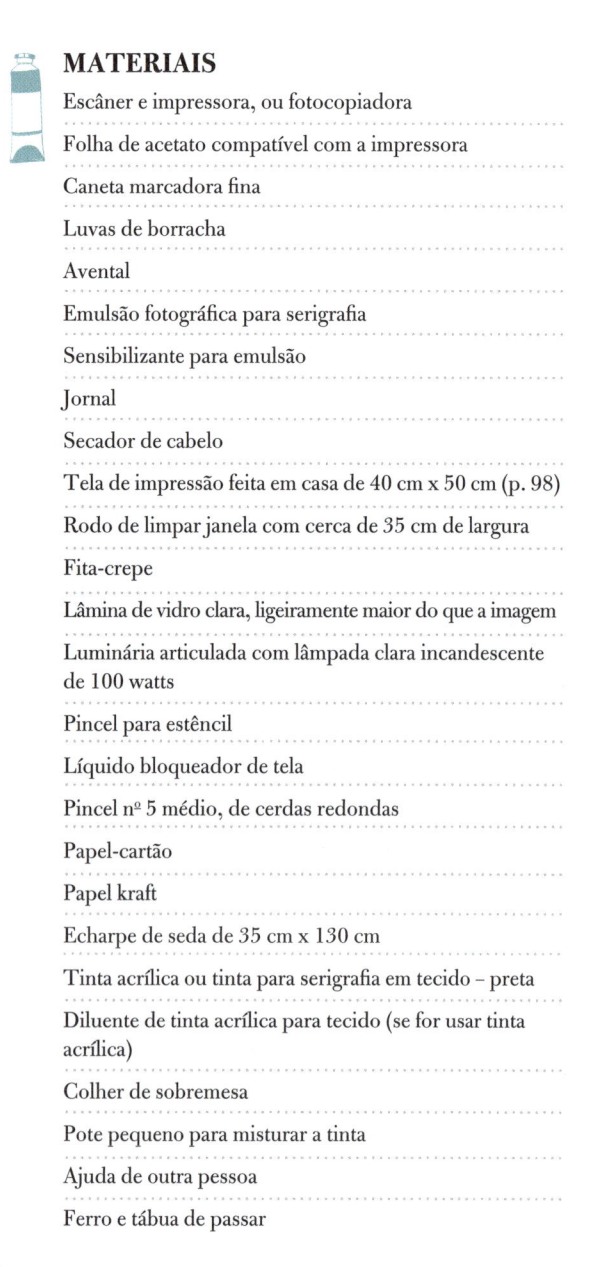

GRAU DE DIFICULDADE
Médio

MOLDE
Borboletas e menina (p. 134), ampliado em 141%

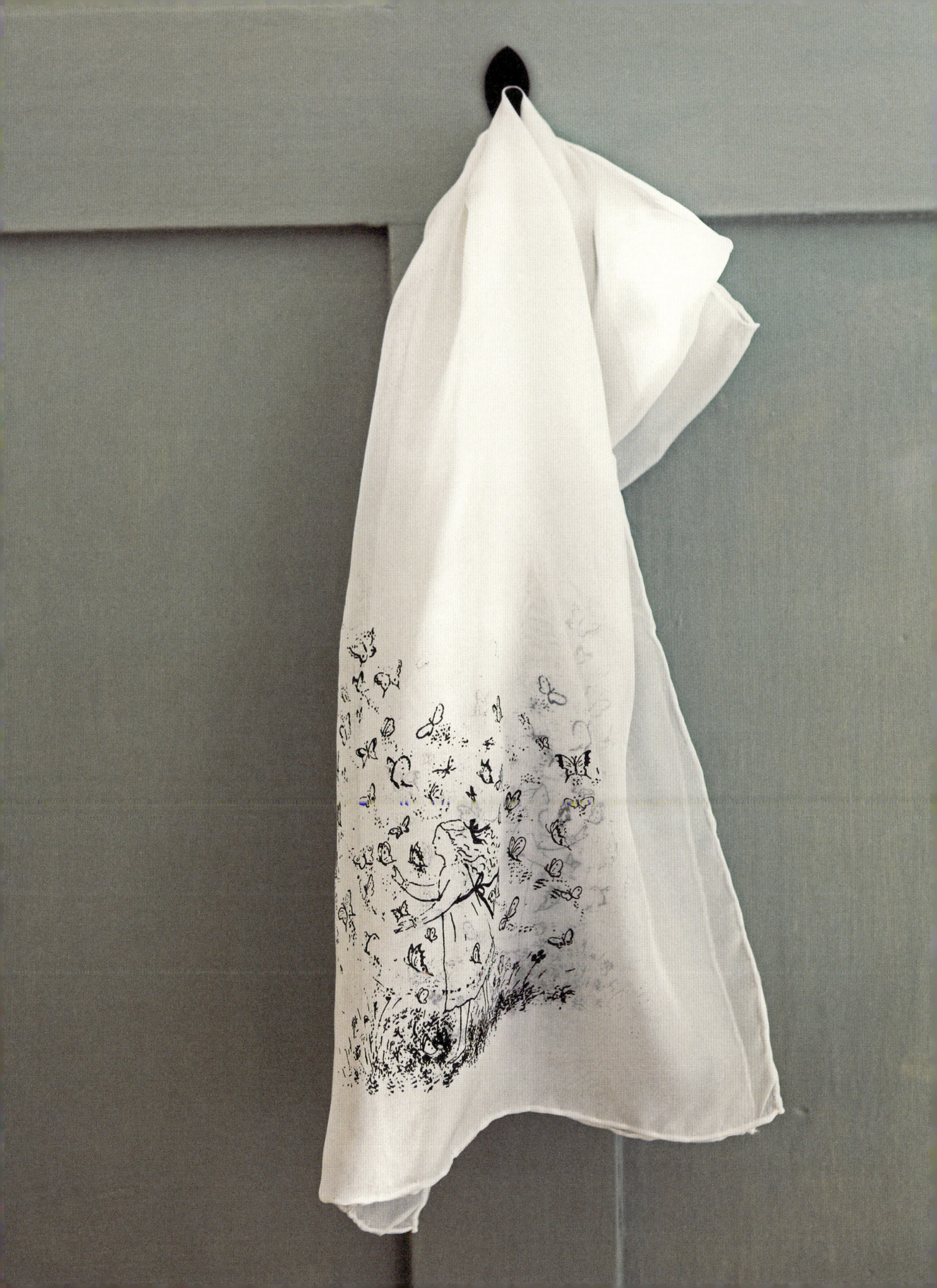

COMO FAZER

1. Prepare o positivo da arte
Amplie o molde das borboletas (p. 134). Escaneie e imprima ou fotocopie o molde em folha de acetato compatível com sua impressora. Garanta que a imagem seja verdadeiramente preta e branca ajustando o brilho/contraste da imagem no computador ou copiadora antes de imprimir. Ao imprimir a imagem, a opção "simular cor do papel" deve estar desativada. Alternativamente, você pode desenhar diretamente no acetato com uma caneta marcadora fina.

2. Prepare a área de impressão
Usando luvas de borracha e avental, siga as instruções do fabricante para misturar a emulsão fotográfica ao sensibilizante para fotografia. Normalmente, a proporção é de 10:1, ou seja, 10 partes de emulsão para 1 parte de sensibilizante. (Guarde a emulsão que não for usada no próprio vidro, dentro de saco plástico, na geladeira; deve durar até quatro meses.) Trabalhe em um ambiente bem ventilado e escurecido (pode ser um quarto com cortinas grossas ou persianas), mas com luz suficiente para você enxergar. Cubra a superfície de trabalho com jornal e tenha o secador de cabelos à mão.

3. Faça o revestimento da tela
Despeje uma linha da emulsão ao longo da beirada superior da tela de impressão, criando um reservatório retangular com 2,5 cm de altura e com a largura da tela.

Posicione o rodo (ou um cartão de crédito velho) atrás da emulsão fotográfica e puxe-o na sua direção com um só movimento, passando a emulsão por toda a tela **(a)** – não volte pela tela, a menos que a solução esteja muito grossa ou haja bolhas de ar. (Se estiver muito grossa, vai se soltar em alguns pontos quando lavar a imagem.) Se restar um resíduo da solução nos lados, puxe-o para as áreas externas que não foram bem revestidas e despeje de volta no vidro a emulsão que não for usada; guarde-a na geladeira. Deixe a tela secar na horizontal em ambiente escuro e lave o rodo. Para apressar a secagem, use o secador em temperatura fria.

4. Faça a revelação da tela
Quando a tela de impressão estiver seca, coloque o acetato sobre a parte externa da tela, desse modo a imagem fica invertida, e prenda as beiradas com fita-crepe. Coloque cuidadosamente a lâmina de vidro sobre o acetato – o peso do vidro fará a imagem sobre o acetato ficar em contato direto com a tela de impressão (caso contrário, a revelação não se dará corretamente). Posicione a luminária articulada 30 cm diretamente acima da imagem e exponha a tela de impressão à luz da lâmpada por 1 hora. **(b)**

5. Lave a imagem
Levante o vidro e, delicadamente, desprenda o acetato da tela. Com um chuveirinho sobre uma banheira (ou no

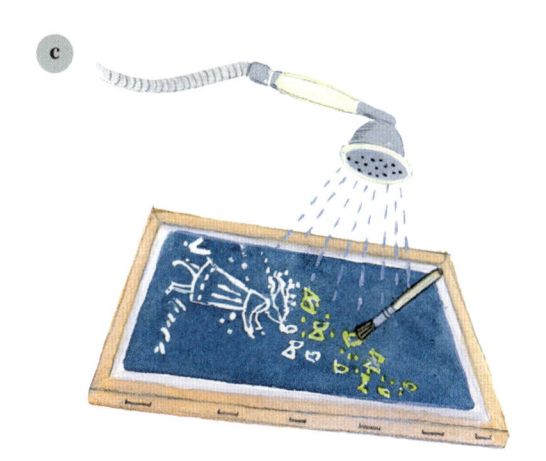

tanque), lave as áreas de emulsão fotográfica que formam a imagem com água morna – não use água quente! A imagem aparecerá ligeiramente amarelada. Lave a emulsão com paciência e delicadeza, usando um pincel para estêncil em movimentos circulares: a imagem será revelada. **(c)** Deixe a tela secar, depois pinte quaisquer furos na tela usando o pincel médio com o bloqueador para tela.

6. Prepare a tela para imprimir
Com a fita-crepe, cubra a borda de cada lado da imagem para evitar a infiltração de tinta na hora da impressão (passo 5, p. 108). Faça o mesmo do outro lado da tela.

7. Prepare a impressão
Pregue com fita adesiva uma folha grande de papel kraft na superfície de trabalho. Estenda a echarpe sobre uma folha de papel kraft A3 e dobre a metade de cima do tecido para fora. Com a caneta marcadora, registre a metade de baixo da echarpe sobre o papel kraft. Coloque a tela virada para baixo sobre a echarpe, posicionado a imagem a 2,5-5 cm do final e da beirada do lado esquerdo da peça, e marque as beiradas da tela no papel kraft.

8. Faça um teste de impressão
Vale a pena fazer um teste sobre papel-cartão para verificar se a impressão sairá correta. Depois de ter criado as marcas de registro para impressão, retire a echarpe e substitua-a por um pedaço de papel. Faça o teste seguindo as instruções do passo 9. Quando a imagem estiver do seu gosto, faça o trabalho com a echarpe.

9. Estampe a echarpe
Derrame a tinta escolhida com a colher dentro da tela de impressão, 2,5 cm acima do alto da imagem, criando um reservatório retangular com 2,5 cm de altura e a mesma largura da imagem. Com uma das mãos, pressione a beirada de cima da tela. Posicione o rodo atrás da tinta e puxe-o em sua direção em um só movimento, passando a tinta pelo desenho. **(d)** A tinta imprimirá direto através da echarpe sobre o papel kraft; se possível, peça ajuda para colocar uma folha nova de papel kraft na área de impressão enquanto você levanta a ponta impressa da echarpe e o papel kraft usado, girando-os para o outro lado da superfície de trabalho. (Dispor a parte da echarpe impressa sobre o braço é a melhor forma de movimentá-la.) Coloque a ponta não impressa da echarpe sobre o papel kraft novo e imprima. Deixe a echarpe secar, depois fixe a tinta com ferro morno (p. 11).

10. Limpe os materiais
Para limpar a moldura, use água corrente no fundo da banheira ou do tanque para diluir os produtos químicos e coloque a moldura mais no alto para não entrar em contato com a água. Siga as instruções do fabricante da emulsão para limpar a tela.

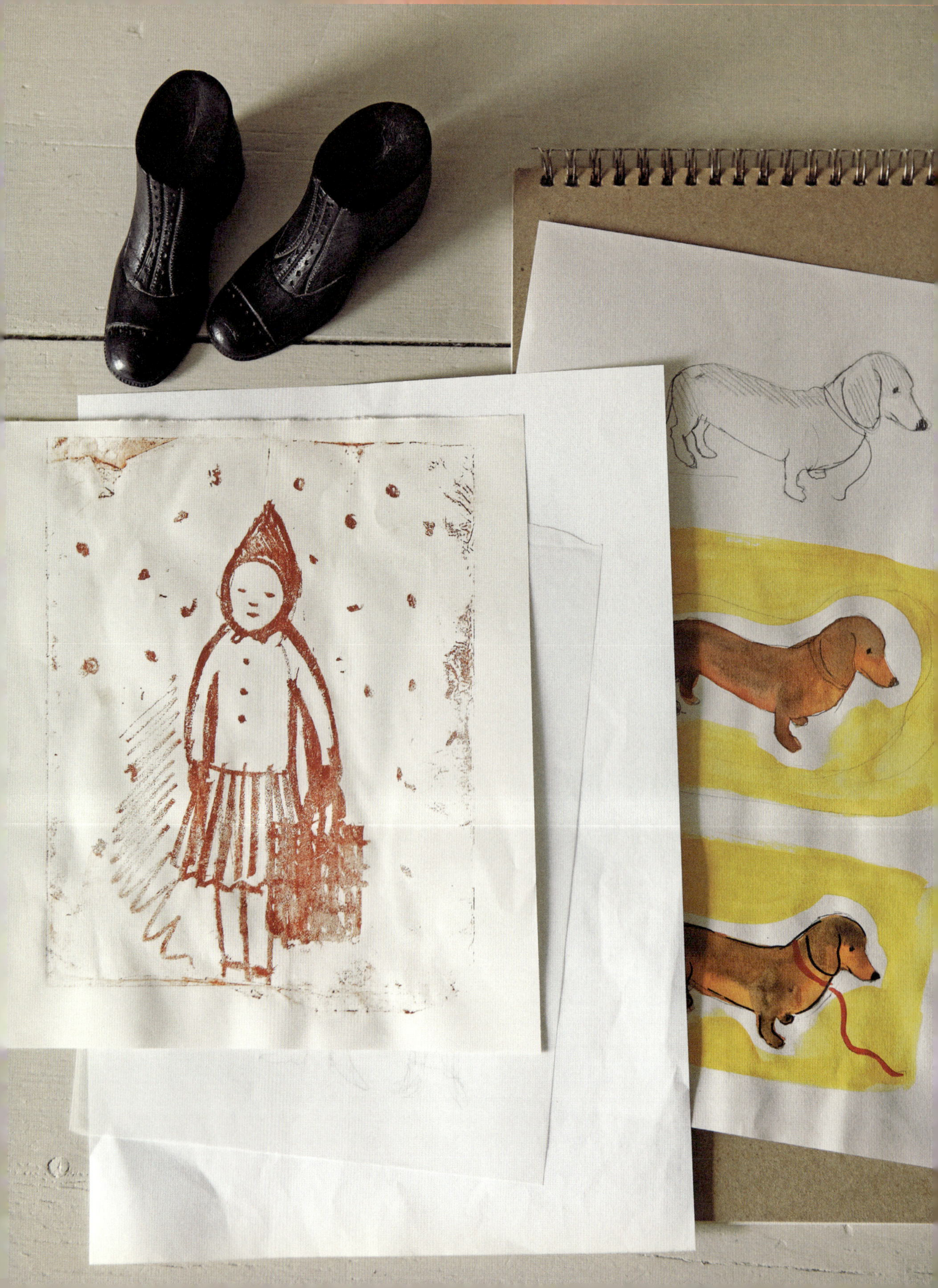

LITOGRAFIA

De todos os métodos de impressão, a litografia era a técnica que eu mais queria usar em casa, mas pensava que seria impossível sem o equipamento e os produtos químicos apropriados. Considerava esse processo emocionante na faculdade, porque reproduz na impressão a sutileza do desenho com giz pastel oleoso.

A litografia explora o fato de que óleo e água não se misturam; não envolve entalhes, apenas o desenho e a pintura diretamente na superfície preparada. Como a imagem desenhada é oleosa, ela atrai a tinta para a sua superfície e repele a água, possibilitando a impressão. De todos os processos de impressão, a litografia é a mais próxima do desenho e da pintura.

A artista e professora de desenho e gravura Émilie Aizier-Brouard, juntamente com o fabricante de prensa de talhe doce Gary Bruno-Thibeau, pesquisou o uso do papel-alumínio e do refrigerante de cola para formular a "litografia de cozinha" – alcançando resultados surpreendentes. Experimentei o processo e fiz alguns ajustes e alterações para a impressora de casa – o que vem a seguir é a minha "receita".

TÉCNICA

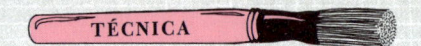

COMO CRIAR A PLACA LITOGRÁFICA

MATERIAIS

Tesoura

Papel-alumíno

Papelão reforçado (use a parte de trás de um bloco de rascunho ou envelope reforçado, ou compre-o em folhas)

Papel kraft

Fita adesiva

Papel vegetal

Lápis 2B

Lápis 5H

Lápis litográfico Korns nº 1 (pode usar giz pastel oleoso, mas o lápis litográfico produz uma linha mais fina)

Pote com água fria

Sabonete de azeite (100%), para áreas grandes de pintura de base (encontrado em lojas de produtos naturais)

Pincel nº 8, de cerdas redondas

Secador de cabelo

COMO FAZER

1. Crie a placa litográfica

Corte um pedaço de papel-alumínio duas vezes e meia maior do que o papelão. Use o lado interno fosco do papel-alumínio, não o brilhante; não toque no lado fosco. Estenda o papel-alumínio, com o lado fosco para baixo, sobre uma folha de papel kraft. Posicione o papelão no centro do papel-alumínio e embrulhe a prancha, prendendo as beiradas do papel-alumínio com fita adesiva, no centro e nas duas extremidades da prancha. **(a)** As extremidades do papel-alumínio dobrado e o papelão exposto devem estar vedados para não deixar a água entrar.

2. Transfira a imagem para a placa

Tradicionalmente, os artistas desenham à mão livre nas placas litográficas – o que você também pode fazer, porque elas são ótimas para serem rabiscadas. Descobri, entretanto, que é mais fácil desenhar uma imagem específica quando tenho um contorno para usar como guia. Essa técnica permite que transfira o contorno de uma imagem para a placa. Decalque a imagem no papel vegetal com o lápis 2B (p. 10). Cuidadosamente, vire a placa litográfica, sem tocar a superfície da frente. Vire a imagem decalcada e coloque-a sobre a placa de papel-alumínio, prendendo as beiradas na superfície de trabalho com fita adesiva para que não saia do lugar. A imagem estará invertida, mas a imagem final será impressa no modo correto. Com o lápis 5H, desenhe sobre a imagem – isso criará marcas no papel-alumínio que serão usadas como guia. **(b)**

3. Desenhe a imagem na placa litográfica

Remova o papel vegetal e, com um lápis litográfico, desenhe a imagem. Não pressione ou toque o papel-alumínio, porque a gordura facilmente se tornará parte da imagem impressa. Os lugares em que o lápis litográfico deixar uma linha escura constituirão a imagem impressa, por isso é preciso reforçar qualquer linha que estiver fraca. Para criar áreas grandes de pintura de base, ponha um pouco de água sobre o sabonete, mexa com um pincel até que a superfície fique cremosa e pinte com isso as áreas do molde da placa. Quando tiver terminado, seque a placa com o secador em temperatura fria.

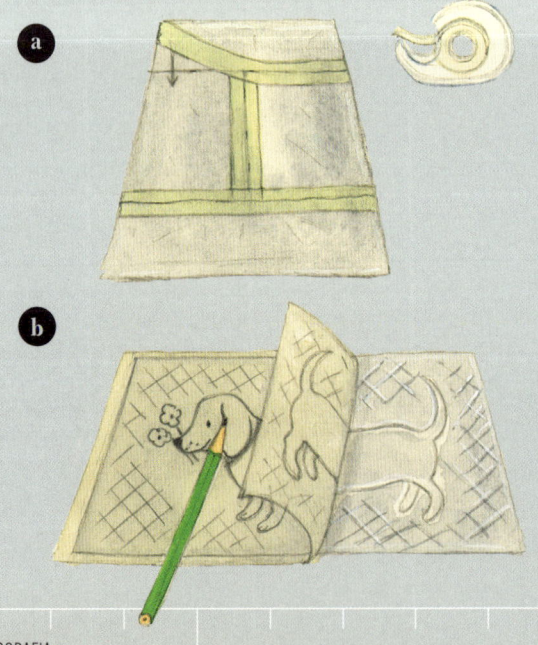

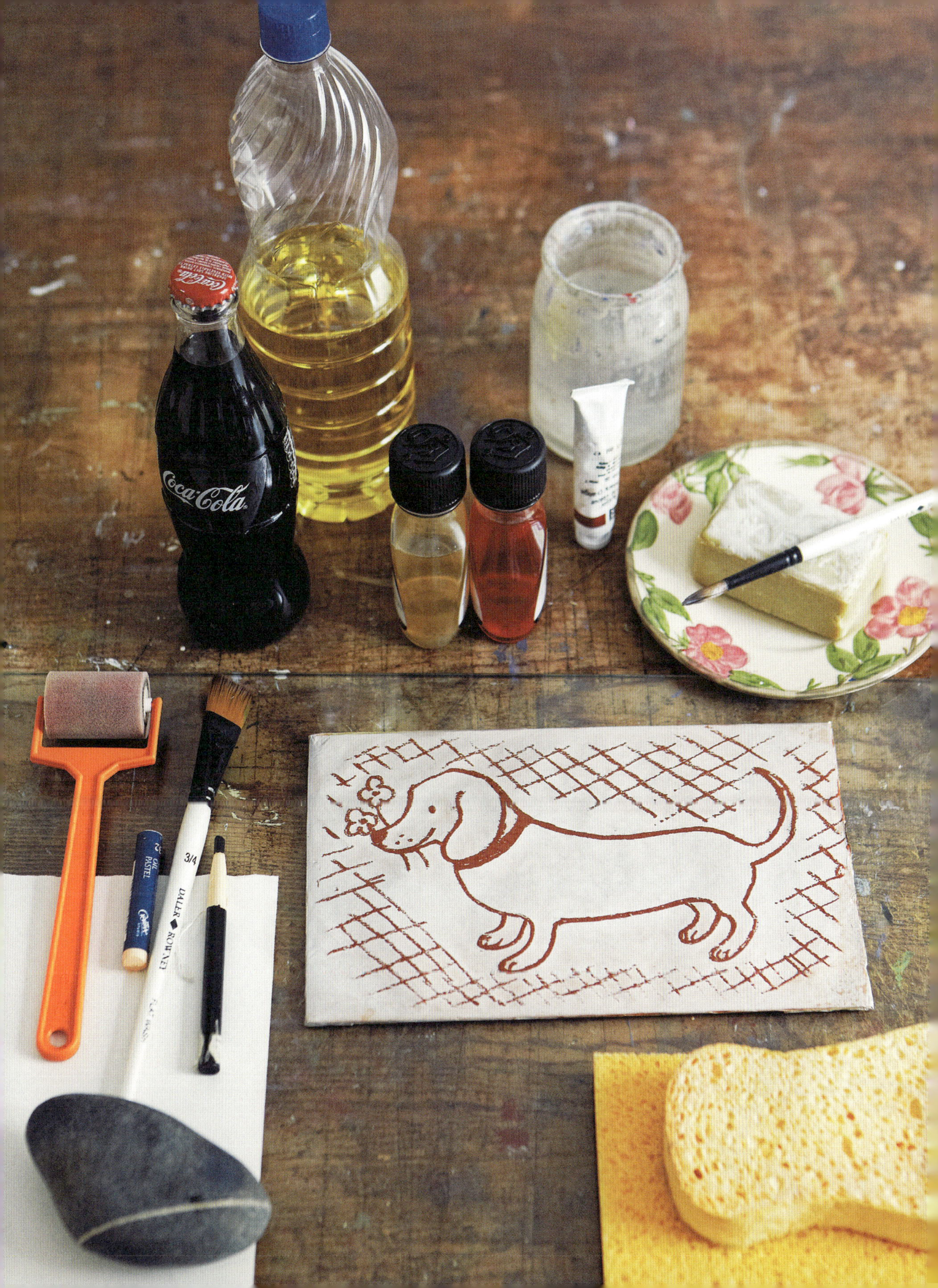
Coca-Cola
3/4
DALER ROWNEY

> PROJETO…

CARTÃO COM CACHORRINHO
litografia monocromática

Uma das minhas marcas registradas é meu "salsichinha". Amo Dachshunds por conta do Nougat, o cãozinho de uma amiga querida.

Como introdução à litografia, quero manter o primeiro projeto tão simples quanto possível e bem tradicional. Admiro muito os desenhos litográficos do artista Pierre Bonnard; eles têm algo de simples e encantador. Esse cartãozinho é um desenho criado com lápis litográfico e impresso no marrom tradicional.

GRAU DE DIFICULDADE
Médio

MOLDE
Cachorrinho (parte interna da capa), ampliado em 200%

MATERIAIS

Kit de placa litográfica (p. 122), papelão cortado medindo 24 cm x 15 cm

Toalha plástica de mesa

Acesso a água e a uma pia ou bacia grande

Jornal

Óleo de canola (ou qualquer outro óleo vegetal)

Papel-toalha

2 bandejas de plástico ou alumínio

2 esponjas de celulose de cores diferentes e superabsorventes

Saco plástico

Tábua de corte velha ou um pedaço de vidro chanfrado, para passar a tinta

Pincel chato macio de 2 cm ou maior

Goma-arábica

Luvas descartáveis ou de borracha

1 garrafa de refrigerante de cola (deve conter ácido fosfórico)

Tinta a óleo ou tinta de impressão tradicional à base de óleo – com a cor da sua escolha

Pincel de cerdas duras, para misturar a tinta

Óleo de linhaça espessado – necessário se as tintas estiverem endurecidas, porque melhora a fluidez delas

Rolo de espuma

Óculos de proteção

Papel-cartão de 230 g/m² ou outro papel liso, cortado 2,5 cm maior do que a placa litográfica

Pedra grande, lisa, pesada e redonda, ou colher de pau

Detergente líquido

COMO FAZER

1. Prepare o molde e a placa litográfica
Amplie o molde do cachorrinho; decalque a imagem em papel vegetal com lápis 2B (p. 10). **(a)** Crie uma placa litográfica e transfira a imagem como está descrito na p. 122.

2. Prepare o processo e as áreas de impressão
Como a litografia usa tinta a óleo, que não é solúvel em água, é preciso proteger a superfície de trabalho com uma toalha plástica de mesa. Trabalhe em um espaço bem ventilado com acesso a água e a uma pia.
É conveniente dividir o espaço de trabalho em duas áreas. Cada uma precisará de várias folhas de jornal: uma área será para o processamento e passagem do rolo na placa; a outra servirá para a impressão. A área de processamento deve conter uma garrafa de óleo de canola, papel-toalha, duas bandejas de plástico ou de alumínio cheias de água fria, duas esponjas de cores diferentes (uma destina-se à limpeza, a outra será usada para a tinta), um saco plástico para jogar papel usado, uma tábua de corte velha ou um pedaço de vidro chanfrado para passar a tinta, um pincel grande macio e um vidro de goma-arábica.

3. Processe a placa litográfica
É importante usar luvas de borracha ou descartáveis durante o processamento da placa e ao passar a tinta.

LITOGRAFIA 125

b

c

Quando o desenho estiver pronto, segure a placa litográfica acima da pia ou da bacia. Despeje o refrigerante sobre toda a superfície da placa para gravar a placa. **(b)** Você perceberá que o desenho vai borbulhar. Para garantir uma boa gravação, segure a placa nivelada para manter o refrigerante na superfície por alguns segundos. Enxágue o refrigerante com água fria (água morna vai melar o lápis e estragar o desenho!), depois ponha a placa sobre uma folha de jornal na área de processamento. Estenda uma folha de papel-toalha sobre a placa e dê pancadinhas leves sobre ela (não esfregue para não alterar o desenho). Remova o papel-toalha úmido. Despeje algumas gotas do óleo de canola sobre a placa e passe delicadamente papel-toalha sobre ela. **(c)** Use outro pedaço de papel-toalha para limpá-la delicadamente. Troque o jornal de baixo da placa. Com a esponja limpa e úmida, esprema um pouco de água fria sobre a placa, depois torça a esponja e passe-a delicadamente sobre ela: o objetivo é obter uma película fina de água sobre a placa (isso evitará a aderência da tinta em qualquer outra área que não a do desenho litográfico oleoso).

4. Passe a tinta na placa

Misture ou esprema a tinta com a cor escolhida sobre uma tábua velha de corte ou um pedaço de vidro chanfrado, adicionando um pouco de óleo de linhaça espessado para melhorar a fluidez da tinta, se necessário. Passe o rolo na tinta e assegure-se de que está completamente revestido (mas sem estar grudento ou com excesso de tinta); rolando-o em uma área limpa da tábua ou do vidro, a tinta deve parecer rala. A placa deve estar úmida, passe a esponja molhada e espremida sobre ela antes de espalhar a tinta, evitando assim que outras áreas fora do desenho absorvam toda a tinta. Delicadamente, passe o rolo sobre as áreas da imagem em que vê a película de água sendo repelida na placa. Você deve passar o rolo levemente sobre a placa, levantando-o a cada nova passada. A imagem desenhada vai começar a pegar a tinta. Depois de algumas passadas de rolo, limpe a placa novamente com a esponja úmida; isso ajudará a limpar a espuma formada e a transferir a tinta para as áreas desenhadas da placa. **(d)**

5. Adicione a goma-arábica à placa litográfica

Quando achar que a imagem pintada está boa, acrescente a goma-arábica à placa. Trabalhando em área bem ventilada e usando óculos protetores e luvas descartáveis ou de borracha, despeje meia colher de chá de goma-arábica na placa e espalhe delicadamente com o pincel grande e macio. **(e)** A goma-arábica fará as áreas não desenhadas atraírem ainda menos a tinta a óleo, resultando em uma imagem mais clara e fiel. Deixe a placa secar – para acelerar o processo, use o secador de cabelo em temperatura fria. Quando a placa estiver seca, enxágue sob água corrente fria, agite para eliminar o excesso de água e transfira-a para um jornal limpo na área de pintura. Limpe outra vez a placa com a esponja úmida (mergulhe a esponja em água limpa e esprema-a de vez em quando durante o processo de aplicação da tinta para conservá-la relativamente limpa), passe o rolo com a tinta mais uma vez, limpando delicadamente a espuma que se formar com a esponja úmida. Quando estiver satisfeito com a imagem pintada, passe a placa para a área de impressão.

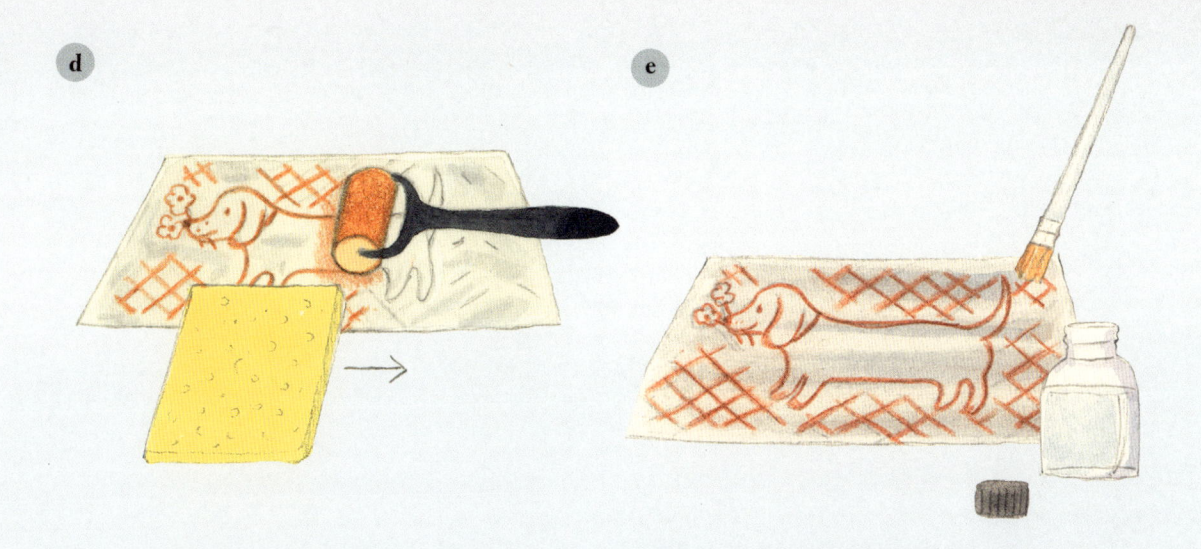

6. Imprima a imagem

Com as mãos limpas, posicione uma folha de papel-cartão centralizada sobre a placa de impressão. Alise o papel com a palma da mão, sem tirá-lo do lugar – descobri que a ligeira umidade da placa ajuda a manter o papel no lugar, mas a placa não deve estar tão molhada que possa desfazer o papel durante a impressão. Com a pedra ou o dorso de uma colher de pau, faça movimentos circulares sobre toda a superfície do papel. Remova cuidadosamente a impressão e deixe-a secar – como a tinta é oleosa, isso levará cerca de 48 horas.

7. Continue imprimindo

Você perceberá, à medida que passa mais tinta e faz mais impressões, que a imagem se torna mais forte. Leve a placa para a área de pintura, limpe-a de novo com a esponja úmida. Você verá que a tinta será atraída pela imagem desenhada. Repita o processo de pintura e de impressão. Deve ser possível tirar vinte impressões ou mais. Se achar que o desenho continua a criar espuma, passe o rolo na placa com tinta e limpe como se fosse imprimir, despeje o refrigerante sobre a placa para gravar novamente, enxágue a placa e aplique uma colher de chá de goma-arábica sobre ela; deixe-a secar. Quando estiver seca, use água fria para tirar a goma-arábica e passe tinta na placa como antes.

8. Limpe os materiais

Para limpar, não dispense as luvas. Coloco sempre um pouco de óleo de linhaça sobre a superfície onde se aplicou a tinta e passo o rolo para diluir a tinta a óleo, depois limpo a superfície com papel-toalha. Limpe o rolo, o pincel, as esponjas e a tábua ou o vidro separadamente com detergente líquido e água quente – é preciso lavar o rolo diversas vezes para limpá-lo. Seque com papel-toalha. Tire o papel-alumínio da placa de impressão e jogue-o fora juntamente com o jornal, mas conserve o papelão para fazer novas placas. Limpe a espuma da pia com um produto de limpeza normal.

PROJETO...

GRAVURA DE PEIXINHOS
litografia em três cores

Essa litografia em três cores prova como a litografia feita em casa pode funcionar bem. Gosto da suavidade das cores, da linha do lápis e das áreas grandes da pintura de base, que criei com sabonete de azeite.

Imprimir três cores exige alguma paciência, porque você tem de usar primeiro as tintas claras seguidas pelas mais escuras. Isso é bem difícil, porque fico muito impaciente para ver como a imagem final vai ficar!

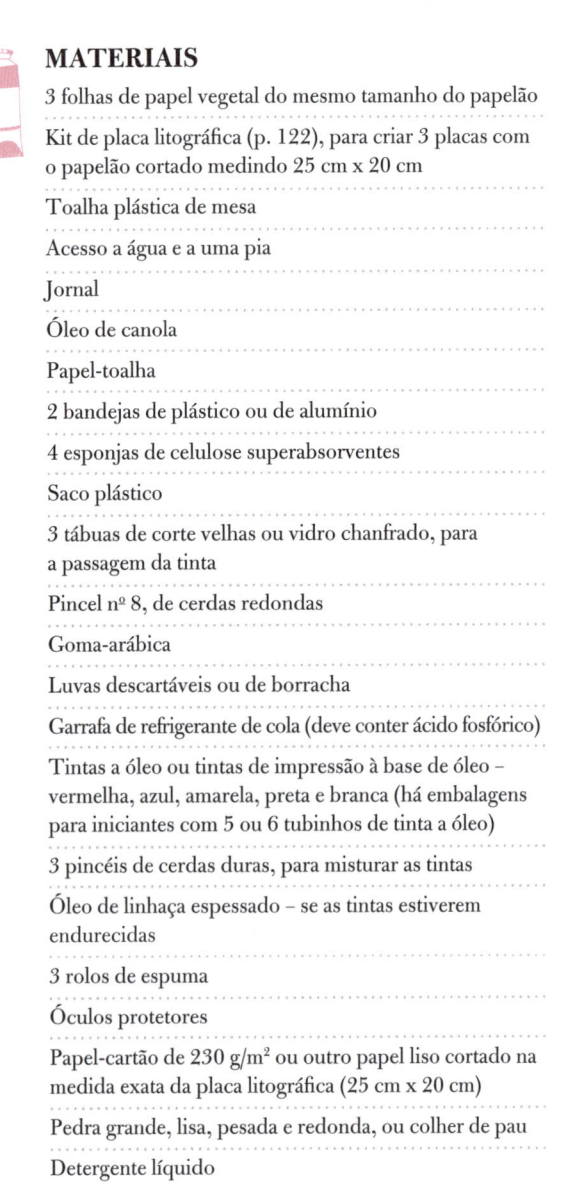

MATERIAIS

3 folhas de papel vegetal do mesmo tamanho do papelão

Kit de placa litográfica (p. 122), para criar 3 placas com o papelão cortado medindo 25 cm x 20 cm

Toalha plástica de mesa

Acesso a água e a uma pia

Jornal

Óleo de canola

Papel-toalha

2 bandejas de plástico ou de alumínio

4 esponjas de celulose superabsorventes

Saco plástico

3 tábuas de corte velhas ou vidro chanfrado, para a passagem da tinta

Pincel nº 8, de cerdas redondas

Goma-arábica

Luvas descartáveis ou de borracha

Garrafa de refrigerante de cola (deve conter ácido fosfórico)

Tintas a óleo ou tintas de impressão à base de óleo – vermelha, azul, amarela, preta e branca (há embalagens para iniciantes com 5 ou 6 tubinhos de tinta a óleo)

3 pincéis de cerdas duras, para misturar as tintas

Óleo de linhaça espessado – se as tintas estiverem endurecidas

3 rolos de espuma

Óculos protetores

Papel-cartão de 230 g/m² ou outro papel liso cortado na medida exata da placa litográfica (25 cm x 20 cm)

Pedra grande, lisa, pesada e redonda, ou colher de pau

Detergente líquido

GRAU DE DIFICULDADE
Difícil

MOLDE
Peixinhos (p. 132), ampliado em 200%

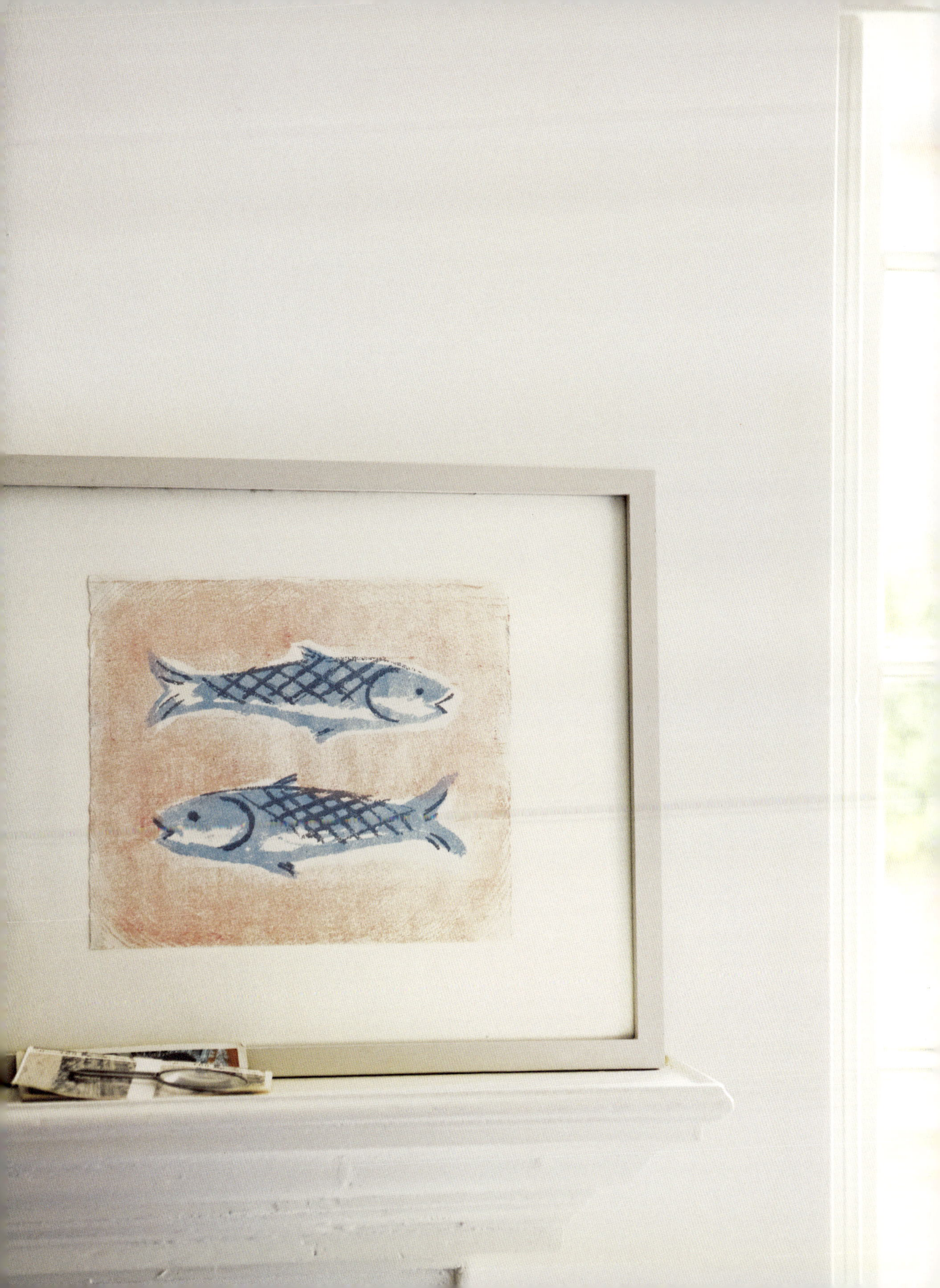

COMO FAZER

1. Prepare os moldes
Amplie o molde de peixinhos (p. 132); decalque com o lápis 2B cada uma das três camadas de cor em folhas separadas de papel vegetal, alinhando a beirada de cada folha com a borda do molde em cada caso.

2. Crie as placas litográficas
Prepare três placas conforme está descrito na p. 122. Alinhe as beiradas do papel vegetal com as beiradas das placas, decalque cada camada em uma delas e escreva a primeira letra de cada cor com firmeza através do papel vegetal no canto direito de cada placa correspondente para evitar confusão na hora de imprimir e para indicar de qual lado ela deve ficar. Para as placas 1 e 3, desenhe a imagem com o lápis litográfico. Para a 2, crie uma área grande de pintura de base, ponha um pouco de água sobre o sabonete, mexa com um pincel até que a superfície fique cremosa e pinte com isso as áreas do molde da placa. **(a)** Quando acabar, seque a 2 com o secador de cabelo em temperatura fria.

3. Prepare as áreas de processamento e de impressão
Prepare as áreas de processamento e de impressão conforme o passo 2 da p. 125.

4. Prepare as cores das tintas
Prepare e passe as tintas sobre as tábuas de corte ou pedaços de vidro chanfrado, adicionando um pouco de óleo de linhaça espessado para melhorar a fluidez da tinta, se necessário. As cores preparadas são:
Placa 1 – azul-claro, a partir de azul, branco e um pouco de amarelo
Placa 2 – rosa, a partir de vermelho, branco e um pouco de amarelo
Placa 3 – cinza-médio, a partir de azul, preto e branco

5. Processe as placas litográficas
Use luvas descartáveis ou de borracha ao processar e passar a tinta nas placas, e óculos protetores ao usar a goma-arábica. Processe as placas uma a uma,

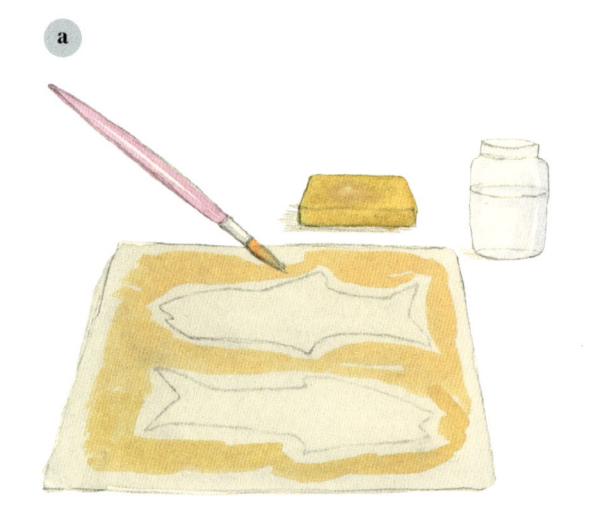

Placas em ordem de impressão

Placa 1

Placa 2

Placa 3

gravando-as com o refrigerante, abastecendo-as de tinta, aplicando uma camada de goma-arábica e deixando-as secar – veja os passos 3 a 5 das pp. 125-7.

6. Imprima a placa 1

Enxágue a placa 1 sob água corrente fria, agite-a para eliminar o excesso de água e coloque-a em jornal limpo na estação de tinta. Para garantir que a placa esteja ainda úmida, passe a esponja limpa e úmida sobre ela antes de aplicar a tinta. Passe a tinta azul-clara sobre a imagem, limpando delicadamente a espuma que se formar com a esponja úmida usada na passagem de tinta. **(b)** Quando a imagem estiver do seu agrado, transfira-a para a área de impressão. Desenhe uma flecha no verso do papel de impressão para saber qual lado deve ficar para cima. Com as mãos limpas, posicione o papel-cartão sobre a placa alinhado com as quatro beiradas da placa. Alise o papel com a palma da mão, com cuidado para não movimentá-lo. Com a pedra ou o dorso da colher de pau, faça movimentos circulares sobre toda a superfície do papel **(c)**, depois remova cuidadosamente a impressão. Leve a placa para a estação de tinta, limpe-a e repita o processo de impressão. Deve ser possível tirar vinte impressões ou mais.

7. Imprima a placa 2

Repita o passo 6 com a placa 2. Não tenha medo de ser firme ao limpar a espuma da placa: se achar que a superfície carregada de tinta está um pouco manchada ao limpá-la, apenas assegure-se de que esteja úmida e cuidadosamente passe o rolo sobre as áreas carregadas novamente. Quando a imagem estiver pronta para ser impressa, coloque a placa na área de impressão. Pegue uma impressão e posicione-a em cima da placa 2, verificando se a placa e o papel estão com o lado certo para cima e alinhados com as beiradas da placa; imprima a imagem. Repita o processo de carregar com tinta e imprima a segunda cor em todas as impressões.

8. Imprima a placa 3 e faça a limpeza

Repita o passo 6 com a placa 3 e deixe as impressões finais secarem por 48 horas antes de emoldurá-las. Limpe o espaço de trabalho e o equipamento conforme está descrito no passo 8 da p. 127.

LITOGRAFIA

MOLDES

Peixinhos Placa 1 (p. 128)

Peixinhos Placa 2 (p. 128)

Peixinhos Placa 3 (p. 128)

Pera 1 (p. 72)

Pera 2 (p. 72)

Bule de chá (p. 82)

Pássaro voando (p. 62)

Camada vermelha

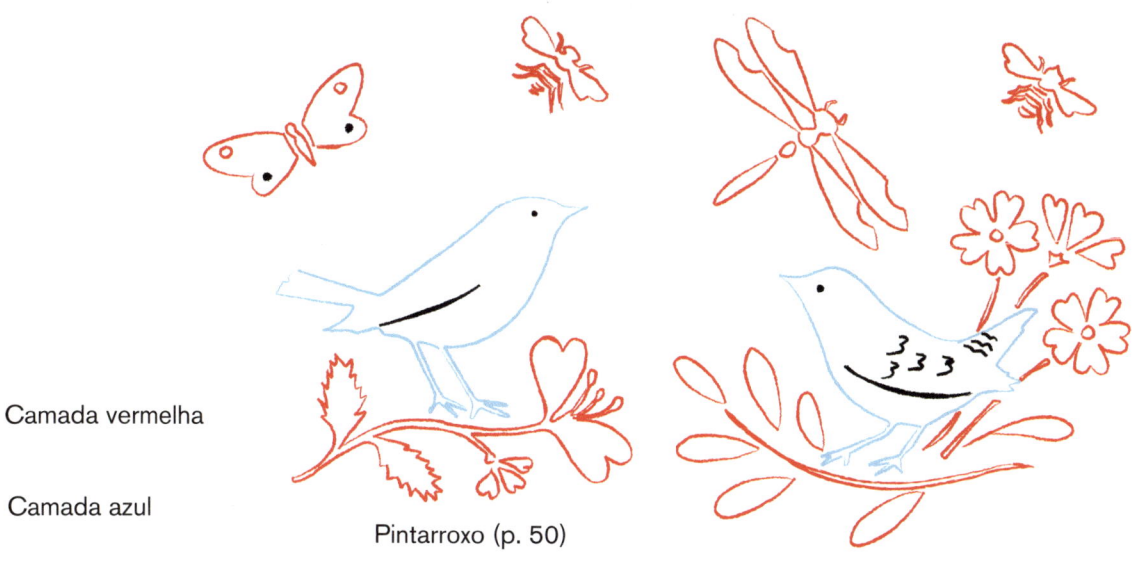

Camada azul

Camada preta

Pintarroxo (p. 50)

Uirapuru (p. 50)

Sabiá (p. 50)

Layout do desenho

MOLDES

Pássaro azul (p. 102) Guia das flores

Borboletas e menina (p. 116)

Flores (p. 47)

- Camada verde
- Camada azul
- Camada roxa
- Camada vermelha
- Camada branca
- Camada preta
- Camada amarela

Gatinho (p.106)

MOLDES

Avião (p. 113)

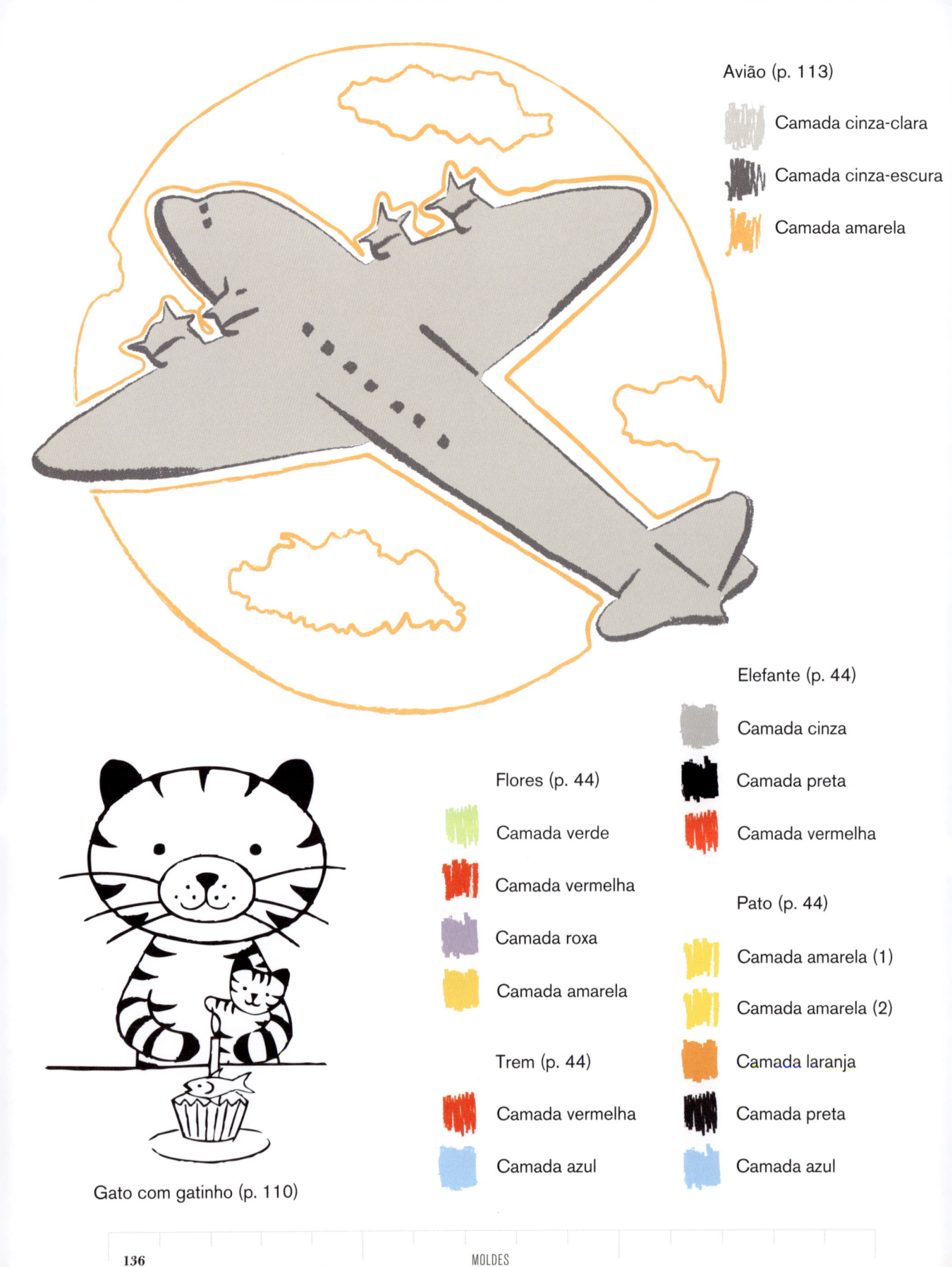

Camada cinza-clara

Camada cinza-escura

Camada amarela

Elefante (p. 44)

Camada cinza

Camada preta

Camada vermelha

Flores (p. 44)

Camada verde

Camada vermelha

Camada roxa

Camada amarela

Pato (p. 44)

Camada amarela (1)

Camada amarela (2)

Camada laranja

Camada preta

Trem (p. 44)

Camada vermelha

Camada azul

Camada azul

Gato com gatinho (p. 110)

MOLDES 137

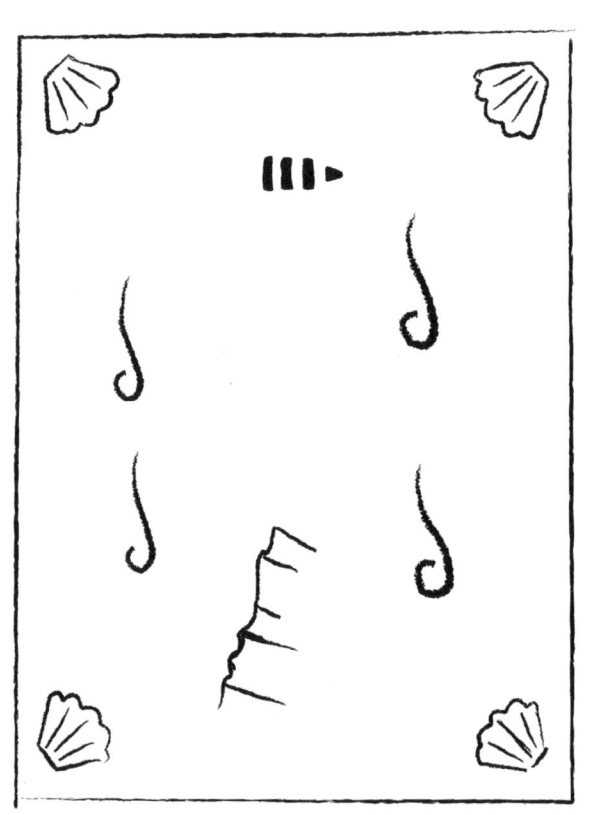

Barquinho 1 (p. 85)

Barquinho 2 (p. 85)

138　　　　　　　　　　MOLDES

Gravura de topiaria (p. 91)

GLOSSÁRIO

Acetato Folha de material plástico transparente e duro, usada como base para fazer encadernações, radiografias, impressões, estênceis etc.

Base de corte Suporte que protege as superfícies de trabalho e previne a perda de corte de estiletes.

Bastidor Moldura redonda usada em bordado para manter o tecido bem esticado.

Bloqueador de tela para serigrafia Usado para bloquear áreas da imagem que não queira imprimir na tela.

Carimbo Objeto usado para transferir uma imagem para papel ou tecido.

CMC (carboximetilcelulose) Substância usada como espessante para criar um gel em que as tintas flutuam e podem ser manipuladas na marmorização.

Conta-gotas Instrumento usado para conter e liberar líquido em doses medidas.

Diluente de tinta acrílica para tecido Líquido claro que, misturado com tinta acrílica, a faz manter-se "aberta" ou molhada na serigrafia em tela e sem desbotar na impressão em tecido.

Emulsão fotográfica Camada leve e sensível à luz sobre tela, que pode ser exposta juntamente com uma fotografia em meio-tom ou um desenho bico de pena para criar uma imagem a ser impressa.

Emulsão para desenho em tela Usada para criar imagem positiva sobre uma tela de impressão em serigrafia.

Entalhe com goiva Superfície em relevo criada pelo entalhe de um desenho feito com goiva de xilogravura.

Estamparia com carimbo Método de impressão que usa um desenho em relevo montado sobre um bloco base, o qual recebe a tinta para fazer estampas sobre tecido ou papel.

Estilete de precisão Estilete com as pontas intercambiáveis de vários formatos, usado para cortes precisos em diversos materiais.

EVA A borracha de EVA é uma mistura de etil, vinil e acetato. É um material não tóxico que pode ser encontrado em placas de diversas cores, espessuras, durezas e densidades.

Gelatina Usada na indústria alimentícia como agente gelificante. Dissolvida em água na proporção certa, cria uma superfície gelatinosa firme.

Goiva para xilogravura Usada para cortar ou entalhar superfícies, tradicionalmente de madeira, embora outros materiais sejam usados, como borrachas.

Goma-arábica Usada em litografia para fazer com que áreas não desenhadas da placa litográfica atraiam menos óleo/tinta.

Impressão com estêncil Processo em que uma imagem é criada ao ser impressa através de máscaras vazadas e recortadas com motivos com ou sem separações de cor.

Impressão em relevo Estampa feita por meio de superfície elevada com reentrâncias, muitas vezes criadas a partir de uma superfície plana em que uma imagem foi cortada/talhada para criar áreas que permaneçam livres da tinta de impressão.

Isopor (poliestireno expandido) Material usado na impressão básica em relevo; é uma superfície que pode ser gravada facilmente com um lápis firme ou outro instrumento para criar um desenho em relevo.

Litografia Técnica de impressão em que a imagem é desenhada diretamente sobre uma superfície lisa de metal ou de pedra. A superfície, ou placa litográfica, é processada de tal forma que as áreas desenhadas atraiam tinta a óleo, podendo então ser impressas.

Marmorização Processo de flutuação de tintas sobre o "verniz" para criar padrões, que são transferidos para o papel.

Matriz Desenho criado em tela ou bloco de impressão que pode ser usado para imprimir diversas vezes.

Monotipia Processo em que uma superfície imprimível é pintada de várias formas para criar uma imagem. Para transferir a imagem, coloca-se o papel em contato com a superfície pintada, aplicando-se pressão.

Náilon para serigrafia Tecido fino e tramado, indicado para confecção de telas serigráficas.

Papel-cartão Papel de alta qualidade, maior gramatura, liso e versátil, bastante usado para desenhar.

Papel kraft Papel tipicamente utilizado para embrulhos e forrações, podendo ser pardo/natural, branco, amarelo ou laranja.

Papel vegetal Papel translúcido utilizado para fazer decalques em desenhos artísticos.

Papelão O tipo espesso e liso é encontrado na parte de trás dos blocos de rascunho. Pode ser comprado em folhas.

Pincel de cerdas duras Pincel forte e flexível, de cerdas naturais ou sintéticas, usado para manipular tintas grossas.

Pincel de ponta redonda Feito de fibras naturais ou sintéticas, esse tipo de pincel consegue carregar bastante tinta e criar tanto pinceladas largas quanto finas.

Plástico adesivo (tipo Contact) Material transparente e colante, que pode ser usado como máscara sobre tecido.

Rodo Lâmina de borracha ou plástico, que pode movimentar a tinta por uma superfície de forma controlada. É usado para transferir a tinta para a superfície de impressão ou para aplicar pressão uniforme na parte de trás da superfície que está sendo pintada.

Rolo de espuma Rolo absorvente usado para transferir a tinta para a superfície de impressão.

Serigrafia Método de impressão em que uma moldura é coberta com uma tela, que é então bloqueada ou com estênceis ou com bloqueador de tela para criar uma imagem. A tinta é passada sobre a tela e, quando ela é exposta, a imagem é impressa.

Tela Moldura de madeira sobre a qual um tecido liso foi esticado e preso.

Tinta acrílica Tinta versátil à base de água, resistente à água depois de seca.

ENDEREÇOS ÚTEIS

ARMARINHOS

Armarinho São José
Av. Rio Branco, 70 – Londrina – PR
www.armarinhosaojose.com.br (loja on-line vende para todo o Brasil)

Armarinhos Fernando
R. 25 de Março, 864/872
São Paulo – SP
Tel.: (11) 3325-0400
www.armarinhos-fernando.com.br

Bazar Horizonte
www.bazarhorizonte.com.br (loja on-line vende para todo o Brasil)

Bibelô
R. São Paulo, 656, lj. 13/15-C e C-2 – Galeria Ouvidor
Belo Horizonte – MG
Tel.: (31) 3212-4812

Caçula
R. da Alfândega, 325/327
Rio de Janeiro – RJ
Tel.: (21) 2508-3400

R. Halfeld, 365 a 369
Juiz de Fora – MG
Tel.: (32) 2102-7200/7204
www.cacula.com

Rei do Armarinho
R. Cavalheiro Basílio Jafet, 99
São Paulo – SP
Tel.: (11) 4083-5555
www.reidoarmarinho.com.br (loja on-line vende para todo o Brasil)

MATERIAIS ARTÍSTICOS

Armazém das Artes
R. Espírito Santo, 2740
Belo Horizonte – MG
Tel.: (31) 3221-6100
www.espacodoartista.com (loja on-line vende para todo o Brasil)

Casa da Arte
R. Ibipetuba, 68
São Paulo – SP
Tel.: (11) 2914-7277
www.casadaarte.com.br (loja on-line vende para todo o Brasil)

Casa do Artista
Alameda Itu, 1012
São Paulo – SP
Tel.: (11) 3088-4191
www.acasadoartista.com.br (loja on-line vende para todo o Brasil)

Fruto de Arte
R. Marquês de Itu, 397
São Paulo – SP
Tel.: (11) 3224-5485
www.frutodearte.com.br (loja on-line vende para todo o Brasil)

Grafitti Artes
R. Comendador Araújo, 143, lj. 10
Curitiba – PR
www.grafittiartes.com.br (loja on-line vende para todo o Brasil)

Koralle
Av. José Bonifácio, 95
Porto Alegre – RS
Tel.: (51) 3226-0265
www.koralle.com.br (loja on-line vende para todo o Brasil)

Papelaria Universitária
R. Humberto I, 1012
São Paulo – SP
Tel.: (11) 5080-5800
www.papelariauniversitaria.com.br (loja on-line vende para todo o Brasil)

MATERIAIS PARA SERIGRAFIA

Screen e Cia
Av. Duque de Caxias, 153
São Paulo – SP
Tel.: (11) 3224-1414
www.screencia.com.br (loja on-line vende para todo o Brasil)

Starscreen
Av. dos Andradas, 501
Belo Horizonte – MG
Tel.: (31) 3213-5322
www.starscreen.com.br

Tele Silk Produtos Serigráficos
Galeria do Rock
Av. São João, 493 – 3º andar – lj. 431/433/436
São Paulo – SP
Tel.: (11) 3225-9399

TECIDOS

Casa Belém
R. Comendador Araújo, 134
Curitiba – PR
Tel.: (41) 3016-7624
www.casabelem.com.br (loja on-line vende para todo o Brasil)

Center Fabril
R. Traipu, 50
São Paulo – SP
Tel.: (11) 3821-1833
www.centerfabril.com.br (loja on-line vende para todo o Brasil)

Niazi Chofi
R. 25 de Março, 607
São Paulo – SP
Tel.: (11) 3322-6886
www.niazi.com.br

Rio Lido Quilt
Shopping Lido Center
Av. Quintino Bocaiuva, 325, lj. 205
Niterói – RJ
Tel.: (21) 2611-9614
www.lidoquilt.com.br (loja on-line vende para todo o Brasil)

Sakuda Silk (para seda)
Rua Domingos de Moraes, 2777, cj. 82/83
São Paulo – SP
Tel.: (11) 5579-5522

MATERIAIS IMPORTADOS

Alguns materiais deste livro não são encontrados no Brasil: bloco de borracha (Speedball Speedy-Carve Block), emulsão para desenho em tela (Speedball Drawing Fluid), líquido bloqueador de tela (Speedball Liquid Screen Filler-block) e Tinta Pebeo Porcelaine. Esses produtos podem ser comprados pelos sites abaixo: www.ebay.com e www.amazon.com.*

* Verificar a política de entregas, taxas e impostos.

ÍNDICE

A

Aizier-Brouard, Émilie 121
almofadas
　almofada com gatinho 106-9, 135
　almofada com pássaros 62-4
áreas de trabalho 8
artesanato em tigelas 54
artigos e utensílios de cozinha 9
aves voando, móbile de 24-7
avião, camiseta com 113-5, 136

B

base de corte 8
bloco de borracha para carimbo 82, 85
borboletas, echarpe de 116-9, 134
Bruno-Thibeau, Gary 121
bule de chá, cartão com 82-4, 132

C

cadernos 16-9
cadernos e marcadores de livro florais 16-9
camadas
　estampa de passarinho no ninho 20-3
caminho de mesa com penas 77
camiseta com avião 113-5, 136
carimbos feitos em casa 80
cartões
　cartão com borboleta 37-9
　cartão com bule de chá 82-4, 132
　cartão com cachorrinho 124-7
　cartão com passarinho 88-90
　cartão de aniversário infantil 44-6, 36-7
colagem
　estampa de passarinho no ninho 20-3
　gravura "lar doce lar" 31-3
como decalcar e transferir imagens 10
como fazer hachuras 26
como fazer o móbile 27
convite para festa infantil 110-2, 136
coração, sacola com 28-30
cortina com plantas 74-6
cúpula de abajur com estampa de jardim 50-3, 133

D

decorativos, papéis 41
diluente de tinta acrílica para tecido 10

E

emulsão para desenho em tela
　almofada com gatinho 106-9, 135
　convite para festa infantil 110-2, 136
envelopes 80-1
equipamento e materiais 8-9, 96
estamparia (ver impressão)
estamparia bicolor em relevo
　cortina com plantas 74-6
estamparia com carimbo 58
　almofada com pássaros 62-4
　como acrescentar detalhes ao motivo 58
　como decalcar e transferir o desenho 58
　como fazer a montagem 58
　como fazer o carimbo 58
　como recortar a espuma 58
　jogo de mesa com paisagem campestre 65-7
　papéis de embrulho e etiquetas 60-1
estamparia com carimbo em duas cores
　jogo de mesa com paisagem campestre 65-7
estamparia em relevo 57
　caminho de mesa com penas 77-9
　cortina com plantas 74-6
　papel timbrado, envelopes e etiquetas 80-1
estamparia em tecido 57
　almofada com gatinho 106-9, 135
　almofada com pássaros 62-4
　caminho de mesa com penas 77
　camiseta com avião 113-5, 136
　cortina com plantas 74-6
　jogo de mesa com paisagem campestre 65-7
　pano de prato com galo 99-101
　sacola com coração 28-30
　sacola com fita e pássaro azul 102-5, 134
　sacola florida 47-9, 135
　toalha de mesa com peras 72-3, 132
estilete de precisão 8

F

festa infantil, convite para 110-2, 136
fixação quente de imagem impressa em tecido 11
　preparação do tecido 11
　se algo der errado 11
florida, sacola 47-9, 135

G

galo, pano de prato com 99-101
gelatina 14
　como firmar 14
　como preparar para a impressão 14
　para usar novamente 14
goiva para xilogravura 68
　cartão com bule de chá 82-4, 132
　forro de gaveta com borboletas e libélulas 69-71
　gravura de barquinho 85-7, 138
　papel timbrado, envelopes e etiquetas 80-1
　toalha de mesa com peras 72-3, 132
goiva U 68, 84
goiva V 68, 83, 86
gravação 13
gravuras
　barquinho 85-7, 138
　"lar doce lar" 31-3
　ninho de passarinho 20-3
　peixinhos 128-31, 132
　topiaria 91-93, 138-9

I

impressão (ver estamparia)
impressão bicolor com goiva para xilogravura
　gravura de barquinho 85-7, 138
impressão com batata
　forro de gaveta com libélulas e borboletas 69-71
　toalha de mesa com peras 72-3, 132
impressão com estêncil 43
　artesanato em tigelas 54-5
　cartão de aniversário infantil 44-6, 36-7
　como recortar estênceis 44-5
　cúpula de abajur com estampa de jardim 50-3, 133
　sacola com fita e pássaro azul 102-5, 134
　sacola florida 47-9, 135
impressão com gelatina 14
　cadernos e marcadores de livro florais 17-9
　como criar a superfície 14
　como fazer a impressão do contorno 18, 31
　como hachurar 26
　estampa de passarinho no ninho 20-3
　gravura "lar doce lar" 31-3

marcas de registro 22
móbile de aves voando 24-7
pinceladas horizontais 26
plástico-bolha 27
renda 26-7, 31
sacola com coração 28-30
variação em duas cores 19
impressão com isopor
    cartão com passarinho 88-90
    gravura de topiaria 91-3, 138-9
impressão "fantasma" 18
    cadernos e marcadores de livro florais 17-9
    sacola com coração 28-30

L
lápis 8-9
libélulas e borboletas, forro de gaveta com 69-71
litografia 121
    cartão com cachorrinho 124-7
    como criar a placa litográfica 122
    como desenhar sobre a placa 122
    como transferir a imagem sobre a placa 122
    gravura de peixinhos 128-31, 132
litografia com três cores
    gravura de peixinhos 128-31, 132
litografia de cozinha 121

M
marcadores de livro 17-9
marmorização 13, 34
    cartão com borboletas 37-9
    como fazer o pente de marmorização 36
    como misturar cores dc tinta 36
    criação da superfície de marmorização das penas 41
    papéis decorativos 41
    preparação da área de trabalho 36
    preparação das tintas de marmorização 36
    preparação do banho de marmorização 36
materiais 9-10
móbile de aves voando 24-7
moldes
    almofada com gatinho 135
    borboletas e menina 134
    camiseta com avião 136
    cartão com bule de chá 135
    cartão de aniversário infantil 136-7

convite para festa infantil 136
cúpula de abajur com estampa de jardim 133
gravura de barquinho 138
gravura de topiaria 138-9
gravura de peixinhos 132
sacola com fita e pássaro azul 134
sacola com flores 135
toalha de mesa com peras 132
monotipia 13
    cadernos e marcadores de livro florais 17-9
    cartão com borboletas 37-9
    gravura de passarinho no ninho 20-3
    gravura "lar doce lar" 31-3
    móbile de aves voando 24-7
    sacola com coração 28-30
motivos de animais
    almofada com gatinho 106-9, 135
    cartão com cachorrinho 124-7
    cartão de aniversário infantil 44-6, 36-7
    convite para festa infantil 110-2, 136
    gravura de peixinhos 128-31, 132
motivos de borboletas
    cartão com borboletas 37-9
    echarpe de borboletas 16-9, 134
    forro de gaveta com borboletas e libélulas 69-71
motivos de pássaros
    almofada com pássaros 62-4
    cartão com passarinho 88-90
    convite para festa infantil 110-2, 136
    cúpula de abajur com estampa de jardim 50-3, 133
    estampa de passarinho no ninho 20-3
    móbile de aves voando 24-7

P
paisagem campestre, jogo de mesa com 65-7
pano de prato com galo 99-101
papéis decorativos 41
papcl 10
papel de embrulho e etiquetas 60-1
papel kraft 10
papel sulfite 10
papel timbrado, envelopes e etiquetas 80-1
papel vegetal 10
pássaro azul, sacola com fita e 102-5, 134
penas, caminho de mesa com 77-9

pincéis 9
plantas, cortina com 74-6
plástico-bolha 27
proteção com cera
    sacola com fita e pássaro azul 102-5, 134

R
régua de metal 8
renda 26-7, 31
retardador de secagem de tinta acrílica 10
rolo de borracha 9
rolos de espuma 9
roupa 8

S
sacolas
    sacola com coração 28-30
    sacola com fita e pássaro azul 102-5,134
    sacola florida 47-9, 135
serigrafia 95
    almofada com gatinho 106-9, 135
    antes de começar 98
    camiseta com avião 113-5, 136
    como grampear o náilon na moldura 98
    como preparar o náilon 98
    como retirar a tela da moldura 98
    convite para festa infantil 110-2, 136
    echarpe de borboletas 116-9, 134
    materiais e tinta 96
    pano de prato com galo 99-101
    sacola com fita e pássaro azul 102-5, 134
    tela de impressão feita em casa 96
    verificação e finalização da moldura 98
serigrafia com bastidor 10
serigrafia com emulsão fotográfica 16
    echarpe de borboletas 116-9, 134
serigrafia com três cores
    camiseta com avião 113-5, 136

T
tecido 11
técnica de pincel seco 50
    cúpula de abajur com estampa de jardim 50-3, 133
tigelas, artesanato em 54-5
tinta 9-10, 96
tinta manipulada 27
    estampa de passarinho no ninho 20-3
tinta para serigrafia em tecido 10
toalha de mesa com peras 72-3, 132

AGRADECIMENTOS

Meu agradecimento especial à Alison, a editora, que teve a ideia deste livro a partir de um cartão de Natal que eu havia feito. Obrigada por ter acreditado em mim e por ter me dado liberdade criativa para fazer o livro.

A Jonathan, por pensar em mim.

Meu muito obrigada à minha editora, Leanne, por sua ajuda e apoio, e à Katy, por garantir que tudo fizesse sentido. A Juliette, Anita e Abi, por organizar tão lindamente o projeto do livro. À Yuki, pelas fotos maravilhosas; à Kim, por toda sua ajuda no momento de fotografar; e à Cynthia, que me apresentou a narrativa visual!

Um agradecimento especial à minha querida amiga Karen, que muito gentilmente nos emprestou sua linda casa para parte das fotos.

Muito obrigada ao meu maravilhoso marido, Llewellyn, por seu apoio, amor e incentivo infindáveis. E para meus queridos filhos, Esme e Sam, por sua ajuda, criatividade, humor e paciência – vocês tornam meus dias especiais!

Finalmente, agradeço à Maidstone College of Art, onde a mágica começou!

SOBRE A AUTORA

Elizabeth Harbour é ilustradora, designer e artista gráfica. Bacharelou-se em Ilustração na Maidstone College of Art e fez o mestrado na Royal College of Art. Ela trabalha com ilustração de livros infantis, projetos de capa de livros, editoração de revistas, cartões de agradecimento, papéis de presente, embalagens de alimentos, mapas decorativos, folhetos e anúncios promocionais, além de dar aula em diversos estabelecimentos de ensino de arte. Mora na zona rural de Kent com o marido e os dois filhos. Nos últimos anos, ela tem conduzido uma aula de arte chamada "Arte para a Diversão", paralelamente ao seu trabalho comercial e à produção de suas próprias gravuras para vender em galerias e lojas no Reino Unido. Visite seu website para mais informações: www.elizabethharbour.co.uk

NOTA DA AUTORA

Se gostou dos projetos deste livro, espero que leve adiante os processos para criar suas próprias obras de arte! E, se puder, procure um estúdio de impressão local em que possa expandir sua experiência.

Aves voando (p. 24)

Carimbos de borracha (p. 80)